AF363389

LETTRE

DE MONSIEVR IANSENIVS

EVESQVE D'YPRE

AV PAPE VRBAIN VIII.

CONTENANT LA DEDICACE DE SON LIVRE
intitulé *Augustinus*,

SVPPRIMÉE PAR CEVX QVI EVRENT
soin de la premiere edition de ce Liure.

ET QVELQVES AVTRES PIECES,
qui peuuent decider la question de fait.

LE TOVT AVEC LES REFLEXIONS
du P. FRANÇOIS ANNAT *de la Compagnie de* IESVS.

A PARIS,
Chez SEBASTIEN MABRE-CRAMOISY, Imprimeur
du Roy, ruë S. Iacques aux Cicognes.
M. DC. LXVI.
AVEC PRIVILEGE DE SA MAIESTE'.

TABLE

DES PIECES CONTENVES EN CE LIVRE.

LETTRE
DE M. IANSENIVS
EVESQVE D'YPRE
AV PAPE VRBAIN HVITIESME,

CONTENANT LA DEDICACE DE SON LIVRE
intitulé *Augustinus*.

ΠΡΟΣ ΤΟΝ **OIKOYMENIKON·**	*AV* *PASTEVR VNIVERSEL.*

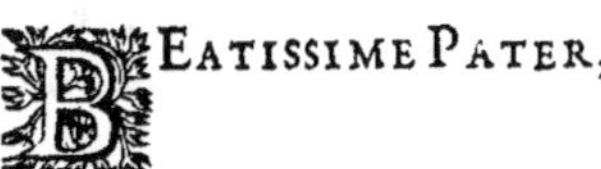 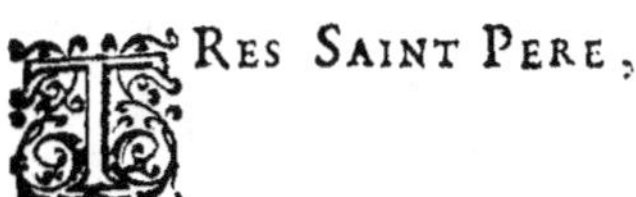

BEATISSIME PATER,

TRES SAINT PERE,

Ab vltimo Oceani tractu humillimus filius tuus munuſculo inſtructus litterario, ad pedes S. T. ſupplex venio, de dominorum, & fratrum meorũ, domeſticorum tuorum, filiorum Ecclesiæ inter ſe litigantium pace ſollicitus. Suborta eſt inter eos iampridem acris, & ardua, ac periculoſa de dote matris, de tota, inquam, Chriſtianorum hereditate contentio. Hoc eſt de cæleſti doctrina, quam S. Auguſtinus de gratia Dei tradidit ; & Sanctiſſimus Clemens VIII. prædeceſſor tuus, dotem Ecclesiæ nominabat. Si enim gratia Dei vita æterna, eáque ipſa ſola, ac tota promiſſa noui teſtamenti heredi-tas eſt, præcinente nobis gra-

La paſſion que j'ay pour la Paix & l'vnion de mes freres, qui comme enfans de l'Eglise ont tous le bonheur d'eſtre en vôtre famille, & que j'ay le dé-plaiſir de voir dans la meſintel-ligence & la diuiſion, m'oblige à venir d'vne des extremitez du monde aux pieds de VÔTRE SAINTETE' pour luy preſenter, comme le doit vn fils tres-ſou-mis, vn petit fruit de mes étu-des. Il y a déja long temps qu'il s'eſt éleué parmi eux vne conteſtation auſſi ardente que difficile & dangereuſe, tou-chant la dot de leur Mere, que je puis nommer l'heredité en-tiere des Chreſtiens; c'eſt à dire touchant cette doctrine toute celeſte, que Saint Auguſtin

nous a laiſſée ſur le ſujet de la grace, & que le tres-Saint Pere Clement VIII. voſtre Predeceſſeur appelloit *la dot de l'Eglise.* Car s'il eſt vray que la grace de Dieu ſoit la vie eternelle, l'entiere & la ſeule ſucceſſion du nou-ueau Teſtament, qui nous ait eſté promiſe, comme nous l'apprenons du Docteur de la grace Saint Auguſtin; on

tiæ Doctore Augustino; doctrina profectò Sancti istius, in qua genuina gratiæ Dei natura, & intelligentia continetur; dos Ecclesiæ rectissimè nuncupata est. Quamdiu sub Episcopis à S. T. constitutis, tamquam Christianæ militiæ imperatoribus stipendia merui, militis partes egi : hostibus me opponere contentus fui : hæreticorum Siluæducis grassantium, & Catholicam aciem prouocantium arma armis retundere, politicorum strophas detegere, atque elidere conatus meus fuit. Nunc in specula Pastorali à S. T. positus, domesticorum etiam periculosos motus de re tanta decertantium non potui velut aspernandos tacitus præterire. De re namque summâ agitur: de medulla nominis Christiani, gratia Dei; quâ per disputationum argutias è manibus elabente, vel in naturam clam, aut palam degenerante, euanescit in fumos Incarnatio, Crux, totáque Iesu Christi Sal-

peut aussi asseurer, que la doctrine de ce Saint, qui contient la veritable nature de la grace, & qui en donne toute l'intelligence, a esté nommée auec beaucoup de raison *la dot de l'Eglise.* Tant que j'ay combattu sous les Euesques, qui sont comme des Generaux de la milice Chrestienne establis par vostre Sainteté, j'ay fait les fonctions de soldat; & me contentant de m'opposer aux ennemis, j'ay tâché de découurir les fourbes des Politiques, d'étoufer leurs entreprises, & de repousser les attaques des Heretiques de Bosleduc, qui y faisoient de tres-grands rauages; & qui insultoient à l'armée Catholique. Mais depuis que VÔTRE SAINTETE' m'a mis dans vne place où je dois veiller pour la defense de l'Eglise, je n'ay pû demeurer dans le silence, ni negliger les mouuemens tres-dangereux des propres domestiques de la Foy, qui sont en differend sur vn point de si grande consequence. Car il s'agit de la chose du monde

la plus importante, de la substance du nom Chrestien, & en vn mot de la Grace Diuine, qui ne peut nous échaper des mains par la trop grande subtilité des disputes, ni degenerer soit secretement soit ouuertement en des sentimens de la nature; que l'Incarnation & la Croix de Nôtre Sauueur IESVS-CHRIST ne s'en aille en fumée,

uatoris medicina, propter quam solam in hunc mundum venit: gratia quippe Dei, vt perspicaciſſimè Proſper, niſi tota ſuſcipitur, tota amittitur, & à quibus amittitur, ſolo nomine Chriſtiani ſunt. De illa quippe gratiâ diſceptatur, quâ, vt olim pronuntiauerunt aliquoties Concilij Carthag. Patres, Chriſtiani ſumus: & vt Auguſtinus: quâ Chriſtiani, & filij Dei ſumus. Nempe quòd ad illam humano generi impartiendam filius Dei & incarnatus, & mortuus, & Chriſtus & Ieſus factus eſt: & ad illam ex fide impetrandam, vt per eam juſtè, & piè viuamus in hoc ſæculo, in Chriſtum credimus, & nouo nomine Chriſtiani nuncupamur. Quod juſtitiæ impetrandæ præſidium, in adjutorio gratiæ Chriſti conſtitutum eſſe qui intelligit, ipſe intelligit, quare ſit Chriſtianus. Itaque clamauit jam olim aduerſus hujuſcemodi pericula inuictiſſimus pugil, & victorioſiſſimus hyperaſpiſtes gratiæ Dei aduerſus violato-

auſſi bien que toute la medecine ſouueraine qu'il a apportée à nos maux, & qui ſeule l'a obligé de venir en ce monde. En effet, comme dit tres-bien Saint Proſper, ſi l'on ne reçoit la grace de Dieu toute entiere, on la perd toute entiere : & ceux qui la perdĕt ne ſont plus Chreſtiens que de nom. En effet cette grace de laquelle on diſpute, eſt celle là meſme qui nous fait Chreſtiens, comme les Peres du Concile de Carthage l'ont aſſez ſouuét declaré, & par laquelle, ſelon S. Auguſtin nous ſommes & Chreſtiens & enfans de Dieu; puiſque comme c'eſt pour l'accorder au genre humain que le fils de Dieu s'eſt Incarné, a ſouffert la mort, & s'eſt fait Chriſt & Sauueur, c'eſt auſſi pour l'obtenir par le moyen de la Foy que nous croions en Ieſus-Chriſt, & que nous ſommes appellez du nouueau nõ de Chreſtiens, afin que par elle nous viuions en ce ſiecle dans la Iuſtice & la Pieté. De ſorte que quiconque reconnoiſt que cét vnique moyen d'obtenir la

Iuſtice, conſiſte entierement dans le ſecours de la grace de Ieſus-Chriſt, reconnoiſt en meſme temps ce qui le fait Chreſtien. C'eſt pourquoy ce Defenſeur inuincible de la grace, qui l'a ſoutenuë d'vne maniere ſi illuſtre contre ceux qui violent ſa dignité; s'écrioit à la veuë de tant de dan-

res eius : Totius fidei Chri-ſtianæ fundamenta euer-tere moliuntur. *Et Conci-ly Mileuitani præſules ad In-nocentium PP. prædeceſſorem tuum :* Omnino totum, quod Chriſtiani ſumus, ni-tuntur euertere. *Quis igi-tur ad hujuſmodi diſputatio-nes, in quibus de victoria gra-tiæ vel naturæ ; hoc eſt Dei, vel hominis ; de Ieſu vero, vel phantaſtico certatur, non contremiſceret ? non ingemi-ſceret ? non ad pacem Iuſtitiæ, & veritatis anhelaret, ſi for-tè de cælo ſuper filios Eccleſiæ proſpicere dignaretur ? Pericu-la iſta Sanctiſſ. D. Clementis VIII. viſcera conturbauerant. Videbat enim victrice gratiâ trophæum Crucis triumphare, nutante vacillare, ſublatâ ca-dere. Euocauerat ad eam in-ueniendam illuſtrandámque, ſanctiſſimus ille Pontifex, quidquid ingenio, ſtudio, eru-ditione in Eccleſia Chriſtiana limatum erat : ſed Deo non-*

gers, que ces perſonnes s'effor-çoiét de détruire les fondemés de toute la foy Chreftienne ; & les Euefques du Concile de Mileuc écriuirent dans ce meſ-me ſens au Pape Innocent pre-deceſſeur de voſtre Sainceté, que ces ſortes de gens faiſoient leur poſſible pour renuerſer en-tierement tout ce qui nous fait Chreſtiens. Qui ſeroit donc celuy qui pourroit s'empeſ-cher de trembler & de gemir parmy toutes ces diſputes, où il s'agit de voir ſi l'on doit at-tribuer la victoire à la Grace, ou à la Nature, c'eſt à dire à Dieu ou à l'homme : & ſi nous auons vn veritable Sauueur,ou ſi nous n'en auons ſeulement qu'vn imaginaire? Y a t-il quel-qu'vn qui puft ne pas ſoûpirer aprés la paix de la Iuftice & de la verité, dans l'eſperance que peut-eſtre elle daigneroit jetter les yeux du haut du Ciel ſur les enfans de l'Eglife ? Ces dangers auoient touché ſenſi-blement le cœur du Pape Cle-ment VIII. parce qu'il voyoit

que la Grace eſtant victorieuſe , le trophée de la Croix triomphe ; qu'il chancele, lors qu'elle eſt ébranlée, & qu'on ne peut faire tomber celle là, que celuy-cy ne ſoit auſſi renu-erſé. Ce tres-Saint Pontife auoit fait venir à Rome tout ce que l'Eglife auoit de perſonnes les plus côſiderables par leur eſprit, leur eſtude & leur ſuffiſance, pour appuyer cette meſ-me grace, & pour luy conſeruer ſon éclat & ſa dignité : Mais

dum visum fuit, sancto pro-
posito ejus publicâ declaratio-
ne benedicere. Tantùm stu-
dia filiorum tuorum, animad-
uersâ rei difficultate, obscu-
ritate, ac mole, magis prouo-
cata sunt, vt maturiore, &
exactiore adhuc bilance res
tanta penderetur. Me certè
momentum tantæ controuersiæ,
& amor gloriæ gratiæ Dei,
in qua de victoriâ crucifixi
agitur, ad viginti annorum
ergastulum damnauit, quos
in euoluendis sæpenumero,
ponderandisque, quàm ac-
curatissimo licuit studio S. Au-
gustini scriptis, collocaui, in
quibus verum, & genuinum
gratiæ Dei sensum contineri,
S. Romanâ Sede id sæpius
per os Præsulum suorum con-
testante, retinebam. Fallor
profectò, nisi vehementer à
plerisque in indagandâ, inue-
niendáque Sancti illius sen-
tentiâ hallucinatum sit. Quod
vtrum ex verosimili, an ve-
ro pronuntiatum sit, quem ly-
dium lapidem explorabimus,
nisi petram illam, ad quam
frangitur veritate, quid-
quid lucet vanitate? *Quam*

il ne plût pas encore à Dieu
pour lors de benir ses saintes
intentions, par vne declaration publique. Toute cette
dispute ne seruit qu'à piquer
encore dauantage l'ardeur &
la curiosité de vos enfans sur
cette matiere, aprés leur en
auoir fait connoistre la difficulté, l'obscurité, & l'impor-
tance; & à faire desirer qu'on
agitast tout de nouueau vne si
grande affaire auec plus de
poids & de maturité. Pour moy
dans vne controuerse de cette
consequence, où il s'agit de la
victoire du Sauueur Crucifié,
mon zele pour l'honneur de la
Grace de Dieu m'a condamné
à vne prison de vingt années,
que j'ay toutes employées à lire
plusieurs fois & à examiner auec
tout le soin dont j'estois capable les escrits de S. Augustin,
où j'estois persuadé que le vray
& le propre sens de la Grace se
trouuoit contenu, comme le
Saint Siege l'a souuent témoigné par la bouche de ses Pontifes. I'auouë que je me trompe,
si plusieurs autres ne se sont pas
fort trompez dans la recherche qu'ils ont faite des senti-

mens de ce Saint Pere. Mais pour voir si ce que j'auance est
vray, ou s'il n'est que vray semblable, à quelle pierre de touche l'éprouuerons nous, si ce n'est à cette pierre, *qui brise par*
la verité tout ce qui luit par la vanité & le mensonge? Quel autre

A iij

Cathedram cōsulemus, nisi ad quam perfidia non habet accessum. Quem denique judicem deposcemus, nisi Vicarium viæ, veritatis, & vitæ? *quo duce ac Doctore, nec errare, nec falli, nec mori quisquam à Deo sinitur, nisi propriâ suâ voluntate auersus ab amore viæ, veritatis, & vitæ, quæ est in gratia Dei. Cujus affectus peruersitas, diuinæ gratiæ beneficio, pro cujus gloria quisquis gratiæ fontem diligit, satagere debet, à me procul abest. Ideo quidquid in hoc perplexo disputationum labyrintho* SENSIMVS, DIXIMVS, SCRIPSIMVS, *vt genuinam profundissimi Magistri sententiam ex ipsis lucubrationibus ejus, Romanæque Ecclesiæ monumentis eruendo patefaceremus, ad Sanctitatis Tuæ pedès affero* PROBANS, IMPROBANS; FIGENS, REFIGENS, QVIDQVID PROBANDVM, AVT IMPROBANDVM EX APOSTOLICA NVBE INTONVERIT, *vt cui non sit alius propositus laborum scopus, & fructus, quàm cum vniuerso Christi grege filiis tuis, do-*

tribunal ccnsulterons-nous, que celuy qui est *inaccessible à l'infidelité?* Quel Iuge enfin prendrons-nous, sinon le *Vicaire de la voye, de la verité, & de la vie,* par la doctrine & sous la conduite duquel, Dieu ne permet pas qu'il y ait aucune personne qui s'égare, ni qui soit trompée, ni qui soit sujette à la mort, si ce n'est que sa volonté propre le détourne de l'amour de cette voye, de cette verité & de cette vie, qui consiste en la Grace de Dieu. Ie suis par la faueur de cette mesme Grace Diuine fort esloigné d'auoir des sentimens si déreglez. C'est pourquoy n'ayant point d'autre but de mes trauaux, ni n'en pretendant autre fruit, que de sçauoir & d'aimer la verité & la charité auec tous vos enfans, dont le troupeau de IESVS-CHRIST est composé, IE N'AY RIEN PENSE', IE N'AY RIEN DIT, NI RIEN ECRIT dans ce labyrinthe embarassé de disputes, pour faire voir les vrais sentimens de ce Maistre tres-profond dans leur jour, en les tirant de ses propres écrits & des actes de l'Eglise Romaine; que je ne mette aux pieds de VÔTRE SAINTETE', & je

suis prest D'APPROVVER OV DE CONDAMNER, D'ASSEVRER ET DE REVOQVER tout ce que ses

minis meis scire, ac diligere veritatem , ac charitatem. ITA VOVET,

Oracles Celestes declareront digne d'approbation , ou de condamnation. Ce sont les vœux de celuy qui est,

SANCTITATIS TVÆ

DE VOSTRE SAINTETE'

Humillimus atque obedientissimus seruus.

Le tres-humble & tres-obeissant seruiteur.

IE soûsigné Conseiller du Roy en ses Conseils , President en sa Chambre des Comptes , & Surintendant de la Maison de Monseigneur le Prince , Certifie , que sur la fin de l'année mil six cens quarante-huit feu Monsieur Dumont, qui estoit en ce temps là Secretaire des Commandemens de S. A. S. estant retourné à Paris aprés la Campagne de ladite année, il me dit entre plusieurs autres choses, qui s'estoient passées pendant ladite Campagne, qu'aprés que mondit Seigneur eust reduit la Ville d'Ipre en l'obeïssance du Roy, S. A. S. se trouuant dans ladite Ville, eut la curiosité de s'enquerir particulierement de la maniere de viure, de la doctrine, & des autres qualitez de feu Monsieur Iansenius Euesque d'Ipre, duquel le nom faisoit vn si grand éclat en France, Que ceux à qui S. A. S. en parla luy proposerent de voir pour cela vn sien Neveu, qui estoit alors Chanoine en l'Eglise Cathedrale d'Ipre ; lequel ayant esté mandé par S. A. S. il l'informa des choses dont elle l'enquit là dessus : Et que dans cét entretien, ce Chanoine dit à S. A. S. qu'aprés la mort dudit sieur Iansenius, on auoit precipité l'edition de son Liure touchant la Doctrine de S. Augustin sur la grace ; parce qu'il faloit y mettre l'Epistre dedicatoire de cét Ouurage , qu'il adressoit au Pape : par laquelle il soûmettoit son Liure auec tous les respects possibles au Iugement & à la Censure de sa Sainteté : Et que cette Epistre auoit esté trouuée écrite de la main dudit sieur Euesque , parmi ses Papiers. Surquoy S. A. S. luy ayant témoigné qu'elle seroit bien aise de la voir, elle luy fut portée : Et aprés en avoir fait la lecture, elle pria ledit sieur Chanoine de luy en donner copie, ce qu'il fit : Et fut ladite copie donnée audit sieur Dumont, pour la garder parmy les Papiers de S. A. S. Ledit sieur Dumont me l'ayant fait voir, la laissa entre mes mains : & quelque temps aprés Monsieur de S. Germain de Morgues m'ayant fait l'honneur de me venir visiter, je la luy fis voir. Depuis ce temps-là, quoy que je fusse bien asseuré d'auoir mis ladite Epistre parmy mes Papiers, je n'ay pû la trouuer, à cause de la confusion où l'on auoit

mis tout ce qui eſtoit dans mon logis, pendant mes diſgraces : mais il
eſt arriué qu'au mois de Iuin dernier , remettant ce que j'ay de papiers en quelque ordre , je l'ay rencontrée dans vne liaſſe de meſdits
papiers , en la forme qu'elle eſt cy-deſſus écrite , tant pour le corps de
l'Epiſtre , que pour l'endoſſement, qui s'eſt trouué mis ſur icelle. Dequoy m'eſtant donné l'honneur d'entretenir S. A. S. Monſeigneur le
Prince , auſſi-toſt aprés que j'eus trouué ladite copie , elle me dit que
ce que ledit ſieur Dumont m'auoit rapporté, eſtoit veritable, & qu'elle
ſe ſouuenoit d'en auoir vne copie , qui luy en fut donnée par ledit
ſieur Chanoine Neveu de feu Monſieur Ianſenius: Et que ce que deſſus eſtoit la verité de ce qui s'eſtoit paſſé ſur ce ſujet. Fait à Paris le
premier jour de Iuillet mil ſix cens ſoixante-cinq. Signé, PERRAVLT.

II.

II.

EXTRAIT

DE L'ECRIT INTITVLE'

CAS PROPOSE' PAR VN DOCTEVR

touchant la ſignature de la Conſtitution derniere
du Pape Alexandre VII. & du Formulaire dreſſé en
l'Aſſemblée generale du Clergé le 17. Mars 1657.

Ce Docteur, à ce que teſmoigne le Directeur du Seminaire
de Monſeigneur l'Eueſque d'Alet, à qui ce cas fut proposé,
n'eſt autre que le Sieur Arnaud. Lequel aprés vn long pream-
bule plein de témoignages de ſes bonnes intentions, de ſa ſin-
cerité, & de ſa ſoufmiſſion à l'Egliſe, propoſe les raiſons de
douter : ou pluſtoſt de faire croire & de perſuader, qu'il ne
doit point ſouſcrire, ni la Conſtitution ni le Formulaire,
contenuës dans les trois Difficultez ſuiuantes.

PREMIERE DIFFICVLTE'.

I ce Docteur en ſuite de la nouuelle Conſtitution, & du Iugement de la dite Aſſemblée, eſt
obligé de changer de ſentiment, & de croire
maintenant, que les propoſitions ſont dans
Ianſenius, & qu'elles ont eſté condamnées
dans ſon ſens. Mais il ne voit pas bien comment cela ſe pourroit faire. Car vne perſonne qui n'eſt attachée qu'à la verité,
ne peut changer de ſentiment, s'il n'eſt perſuadé qu'il s'eſt
trompé : Or tout ce qui s'eſt paſſé à Rome & à Paris ſur cette
queſtion de fait, n'eſt point capable de le perſuader, que
des propoſitions ſont dans vn liure d'vn Eueſque Catholi-

que, ſans qu'on luy montre & qu'on luy marque les endroits
où elles ſont; & il eſt viſible que c'eſt vouloir exercer vne
domination ſur leur foy bien contraire à l'eſprit de celuy qui
dit, *non dominamur fidei veſtræ.* Il auroit auſſi bien de la peine
de changer d'auis, pour ce qui eſt du ſens de Ianſenius. Car
ny le Pape ny les Eueſques ne luy donnent aucune lumiere
ſur ce ſujet, ſe contentãs de condamner le ſens de Ianſenius,
ſans expliquer, ny dire quel il eſt : & ainſi toutes les raiſons
qui luy ont fait croire, que Ianſenius n'a pas d'autre ſens que
celuy de Saint Auguſtin, touchant la Grace efficace, ſubſi-
ſtans encore dans ſon eſprit, & luy paroiſſans auſſi claires &
euidentes que jamais, il luy ſeroit bien difficile de changer
de ſentiment ſur ce ſujet; & tout ce qu'il peut faire, eſt de
croire, que le Pape & les Eueſques, qui n'ont point certainement eu l'intention de condamner le ſens de Saint Auguſtin
touchant la Grace efficace, ont pris Ianſenius en vn autre
ſens, comme ont fait pluſieurs des Conſulteurs de Rome, &
comme font les Ieſuiſtes dans leurs libelles, qui n'eſt pas
neantmoins le vray ſens de cét Autheur.

Enfin il eſt viſible, que tout cela n'eſt qu'vne queſtion de
fait, qui ne regarde point la Foy, & qui eſtant de la nature
des choſes qui ſe connoiſſent par les ſens, & par l'intelligence des termes d'vn Autheur particulier, qui dépend de l'a-
uoir bien leu, & bien examiné ſans preuention & ſans paſſion; il ne paroiſt pas que ſelon l'eſprit de l'Egliſe, qui reconnoiſt que le Pape & meſme tous les Conciles generaux ſe
peuuent tromper en ces queſtions de fait, vn Theologien ſoit
obligé *de démentir ſes propres yeux & ſa propre lumiere,* pour
condamner vn Eueſque, qu'il juge innocent, & dont il ſçait
que le liure n'a jamais eſté canoniquement examiné.

SECONDE DIFFICVLTE'.

SI ce Docteur n'eſtant pas obligé de changer de ſentiment,
& ne le pouuant pas faire, à moins qu'on trauaille d'vne autre ſorte à luy faire voir qu'il ſe trompe, il peut neantmoins ſigner la nouuelle Conſtitution, ou le Formulaire des Eueſques.

Il y a des gens de pieté & de grande confideration qui le
luy veulent perfuader, dont les raifons font, Que la fignature
n'eft qu'vn témoignage de deference, & non pas de fentiment : Qu'on declare feulement par là, qu'on ne fe veut pas
feparer de la communion de ceux qui foufcriuent ; Que c'eft
vn moyen de donner la paix à l'Eglife ; Que fi on ne le fait, on
fe rendra incapable de la feruir : au lieu qu'ayant témoigné
cette foûmiffion, on pourra trauailler vtilement pour reſta-
blir la pureté de la Morale du Chriftianifme, en combatant
les relafchemens qui la corrompent.

Ce Docteur eft troublé de ces dernieres raifons, & il de-
fireroit de tout fon cœur pouuoir fuiure les fentimens de ces
perfonnes, s'il le pouuoit fans bleffer fa confcience ; mais il
n'a pû encore comprendre qu'on peuft fans offenfer la fince-
rité Chreſtienne & Sacerdotale, figner vn acte qui porte la
condamnation du Liure d'vn Euefque Catholique, LORS
QV'ON N'ADHERE POINT DANS SON COEVR A LA
CONDAMNATION, & QV'ON CROIT EN SA CON-
SCIENCE QV'ELLE EST INIVSTE.

Il eft perfuadé de cette maxime indubitable de la bonne
foy, eftablie par Saint Auguftin dans la lettre 124. qu'en matiere de ferments & de fignatures, on les doit entendre felon
le fens, & l'intention de celuy qui les exige. Or il eft clair,
que les Euefques qui exigent ces fignatures, veulent qu'on
fe rende à ce qui a eſté determiné par l'affemblée du Louure :
& qu'on croye que les propofitions font dans Ianfenius, & ont
eſté condamnées dans fon fens : & le Pape appelle dans fa
nouuelle Conftitution, *enfans d'iniquité*, ceux qui difent le
contraire : Et par confequent on ne peut figner de bonne foy
& fincerement, ny cette Conftitution, ny ce Formulaire,
tant qu'on demeure dans la creance dans laquelle eft ce Docteur, que les propofitions ne font point de Ianfenius, &
qu'on n'eft pas enfant d'iniquité, pour ne pas croire qu'elles
en foient.

Iamais ces fortes de fignatures n'ont eſté prifes dans l'Eglife, que pour vne marque de confentement. Et on ne fçauroit
trouuer aucun Pere qui authorife la nouuelle interpretation

qu'on luy donne:&si cela eſtoit,il ne ſeruiroit de rien de faire
ſigner les articles de la Foy à ceux qui ſont ſuſpects de quelque hereſie. Car l'Egliſe ne le fait que pour auoir vn témoignage exterieur de leur foy,&vne aſſeurance qu'ils deteſtent
l'hereſie, dont ils auoient eſté ſoupçonnez; ce qu'elle n'auroit
pas obmis de faire , s'il eſtoit vray qu'en ſignant on ne témoigne pas ſon ſentiment & ſa creance, mais ſeulement vne deference exterieure.

Pluſieurs Saints Eueſques,qui ont mieux aymé eſtre chaſſez
de leurs Sieges,& voir les Eueſques Arriens mis en leurs pla-
ces , pluſtoſt que de ſouſcrire les Decrets des Conciles, qui
condamnoient Saint Athanaſe, auroient eu grand tort, puiſqu'ils pouuoient & deuoient empeſcher vn auſſi grand mal,
comme eſtoit l'intruſion de ces Eueſques Arriens, qui cor-
rompoient leurs Egliſes par leur hereſie , s'ils pouuoient
ſigner ces decrets ſans bleſſer leurs conſciences, comme ils
l'auroient pû ſans doute, s'ils auoient creu que la ſignature
n'eſt qu'vne marque de deference, & non pas de conſentement & de croyance.

Mais perſonne n'auoit alors cette penſée, & tous les Peres
qui ont parlé de ces ſignatures qu'on exigeoit contre Saint
Athanaſe,n'ont rien trouué qui peuſt excuſer ceux, qui con-
noiſſans l'innocence de ce Saint , ne laiſſoient pas de ſigner
ſa condamnation , ſous pretexte de donner la paix à l'Egliſe:
mais en ont parlé comme des perſonnes qui eſtoient tombées
dans vne faute conſiderable, quoyque par foibleſſe & non
par malice.

On void auſſi par vne parole celebre de Saint Chryſoſto-
me,que ce ſont deux choſes tres-differétes, de ſigner la condamnation d'vn innocent, & de ne ſe pas ſeparer de la communion , mais donner vn témoignage que l'on approuue , ou
du moins que l'on n'improuue pas ce que l'on ſigne. Car ce
Saint ayant eſté condamné par vn Concile d'Eueſques, &
d'autres Eueſques qui connoiſſoient l'injuſtice de cette condamnation, luy ayant demandé ce qu'ils feroient, ſi on les
vouloit obliger d'y ſouſcrire, ſous peine d'eſtre dépoſez; il ne
leur dit point qu'ils le pouuoient faire pour le bien de la paix,

& pour ne pas manquer à ce qu'ils deuoient à leurs Eglifes,
parce que cette fignature ne marqueroit autre chofe, finon
qu'ils ne vouloient pas rompre l'vnité de l'Eglife en fe fepa-
rant de leurs confreres : Mais il leur dit, qu'abfolument ils
ne deuoient pas foufcrire, quoy qu'ils ne deuffent pas fe feparer de leur communion, pour ne faire pas de fchifme,
Communicate quidem , verumtamen nolite fubfcribere.

Que fi ce Saint auoit creû qu'on peuft figner en confcience
contre fa propre lumiere, ce qu'on ne croit pas dans le cœur;
il auroit eu bien peu de charité enuers fes amis, de leur donner ce confeil, qu'ils ne pouuoient executer fans s'expofer,
comme ils firent, aux plus horribles perfecutions, telles qu'e-
ftoient le banniffement, & la perte de leurs Euefchez.

Enfin on ne trouuera pas qu'aucun Saint ait jamais figné
ce qu'il ne croyoit pas vray : ou qu'il ne s'en foit repenty,
comme d'vne faute, s'il eft arriué qu'il l'ait fait, ou par foi-
bleffe ou par ignorance, comme on voit par l'exemple de
Saint Denis Euefque de Milan, qui ayant figné la condamnation de Saint Athanafe, à condition qu'on examineroit
fa foy, efperant par là, faire condamner l'Arrianifme, il s'en
repentit auffi toft; & trouua moyen par Saint Eufebe de Ver-
feil, de faire effacer fon figne, quoy qu'il fceuft bien qu'il
attireroit fur luy par cette action, la colere de l'Empereur
Conftance, qui le depofa & le bannit.

TROISIESME DIFFICVLTE'.

SI ce Docteur fe peut taire en cette rencontre, ou fi luy ou
d'autres qui font dans la mefme croyance que luy, ne
peuuent point reprefenter auec refpect & modeftie, que le
Pape n'a pas efté bien informé en cette occafion, pour empefcher que les ennemis de la Doctrine de Saint Auguftin
& de la vraye Grace de Iefus-Chrift, ne fe preualent de
cette erreur de fait, pour ruïner l'vn & l'autre, en difant ce
qu'ils n'auront pas de peine à prouuer, que Ianfenius eft en
effet conforme à Saint Auguftin, & qu'il ne tient que la
Grace efficace que ce Saint a enfeignée; mais que Saint Au-

guftin n'eft qu'vn Docteur particulier, qui doit eftre moins confideré que le Pape; & qu'ainfi le Pape ayant condamné la doctrine de Ianfenius, on la doit tenir pour bien condamnée, quoy qu'elle ne foit point differente de celle de Saint Auguftin , & qu'il n'enfeigne point d'autre doctrine, que celle de la Grace efficace par elle mefme.

Aprés que ces confiderations ont efté efcrites, ce Docteur a veû vn Liure du Pere Annat, qui le confirme encore dauantage dans la penfée qu'il a tousjours eu, qu'il n'y auoit aucune difpute touchant la Foy dans toute cette matiere; & que le Pape n'a condamné le fens de Ianfenius, qu'en l'expliquant d'vne maniere tres-differente de celle dans laquelle on a fouftenu ce fens. voicy comme parle ce Iefuifte:

Il y a, dit-il, deux manieres de defendre la Grace efficace par elle mefme; l'vne qui eft heretique & appuyée fur des principes heretiques; l'autre qui eft Orthodoxe & fouftenuë par des principes eftablis par les Conciles.

Caluin fuit la premiere, & en cela il eft heretique : les Docteurs Catholiques, Thomiftes, Scotiftes, Sorboniftes, Iefuiftes, font d'accord de la feconde, & pour cela nonobftant leurs difputes particulieres, ils demeurent tous dans l'vnité de la Foy , & dans la communion de l'Eglife.

Pour fçauoir donc fi la Doctrine de Ianfenius eft à couuert par la profeffion qu'il a faite, de defendre la grace efficace par elle mefme; il faut fçauoir de quelle maniere il la defend : fi c'eft la maniere de Caluin, ou celle des Docteurs Catholiques: Caluin defend tellement la Grace efficace par elle mefme, qu'il a creû qu'elle ne nous laiffe autre liberté, que la liberté de contrainte, nous affujettiffant au refte à la neceffité d'agir, qui nous ofte le pouuoir d'y refifter, pendant que la grace perfeuere. Les Docteurs Catholiques font d'accord, que la grace efficace par elle mefme, gouuerne tellement noftre volonté, qu'elle nous laiffe le pouuoir d'y refifter, en forte que ces deux chofes fe trouuent enfemble, la grace dans la volonté, & dans la mefme volonté SANS la grace, vn pouuoir fuffifant pour l'empefcher d'y confentir.

Il n'y a rien de fi facile que d'établir la paix dans l'Eglife fur cette declaration du Pere Annat ; & de faire voir en mesme temps, qu'il n'y a point de dispute sur la matiere des cinq propositions, qui puisse regarder la Foy. Car il n'y a qu'à prendre droit sur les paroles de ce Iesuite, condamner ce qu'il condamne, approuuer ce qu'il approuue.

Il y a, dit-il, *deux manieres de defendre la grace efficace ; Caluin suit l'vne, & les Docteurs Catholiques l'autre : celle de Caluin est heretique, celle des Thomistes, Scotistes, &c. est Catholique ;* on accorde tout cela. Il adiouste, *Caluin defend tellement la grace efficace par elle mesme, qu'il croit qu'elle ne nous laisse autre liberté, que la liberté de contrainte, nous assujetissant au reste à la necessité d'agir, qui nous oste le pouuoir d'y resister pendant que la grace perseuere.* L'on accorde encore tout cela au Pere Annat ; mais l'on proteste de n'auoir jamais soustenu la grace efficace dans le sens de Caluin, & par consequent on n'a jamais esté dans l'erreur. Le Pere Annat dit en suite, que les Docteurs Catholiques sont d'accord que la grace efficace par elle mesme gouuerne tellement nostre volonté, qu'elle nous laisse le pouuoir d'y resister, en sorte que ces deux choses se trouuent ensemble, la grace dans la volonté, & dans la mesme volonté SANS la grace, vn pouuoir suffisant pour l'empescher d'y consentir.

Pour estre Catholique, il n'y a donc qu'à protester sincerement que l'on soustient la grace efficace en ce sens, & qu'on ne la soustient point en aucun autre, & c'est ce que l'on fait, & que l'on a toûjours fait. Car on croit qu'il est tres-vray, comme dit Saint Thomas, que Dieu ne fait pas seulement agir comme il veut les causes secondes, mais qu'il les fait encore agir conformément à leur nature ; & ainsi il fait agir librement & contingemment les causes libres : en sorte qu'elles pourroient ne faire pas ce qu'il leur fait faire par la volonté puissante de sa grace.

C'est pourquoy l'on a tousjours approuué, & l'on approuue encore cette doctrine du Pere Petau, tom. 1. lib. 9. page 602. *Illud quod per Christi merita tribuitur donum, non solùm dat posse, si velint, sed etiam velle quod possunt : & est tale vt eo dato non nisi perseuerantes sint, id est certò & quod in scholis dicitur infallibi-*

liter perſeuerent , tametſi liberè gratiæ illi donóque conſentiant, non
neceſſariò , ſed ita vt diſſentire poſſint ſi velint, quod Tridentina
ſciſcit Synodus, quamuis vt non diſſentire velint, eodem illo per-
ſeuerantiæ dono perficitur. L'on a cité ſouuent ce paſſage, & l'on
a proteſté tant de fois, que l'on ne defendoit la grace efficace
qu'en ce ſens, qu'il eſt eſtrange qu'on ait encore la hardieſſe
d'oppoſer le ſens de Caluin, à des Theologiens, qui le condamnent dans tous leurs eſcrits.

Aprés cette declaration, ce Docteur eſt perſuadé, qu'il faut
s'aueugler ſoy meſme, pour ne reconnoiſtre pas, qu'il n'y a
pas de queſtion de droit & de foy touchant la grace efficace;
puiſqu'on ne la tient que d'vne maniere reconnuë pour Orthodoxe par toute l'Egliſe : & il croit qu'on doit conclurre
par neceſſité, qu'il n'y a auſſi aucune diſpute touchant les
cinq propoſitions, qui puiſſe regarder la Foy, puiſque l'on
proteſte encore, que touchant la doctrine qu'elles enfer-
ment, on ne ſouſtient que le dogme vnique de la grace efficace expliquée en la maniere que les Ieſuites meſmes recon-
noiſſent pour tres-Catholique.

Ainſi en examinant toute cette affaire deuant Dieu, on ne
peut auoir d'autre ſentiment, ſinon qu'il n'y a aucun point
de Foy qui ſoit en conteſtation. Il ne peut donc reſter vniquement & preciſément, que cette ſeule queſtion , ſi Ianſenius a ſouſtenu la grace efficace au ſens de Caluin, ou bien
au ſens des Catholiques : s'il l'a ſouſtenuë au ſens de Caluin, on auouë au Pere Annat, que Ianſenius eſt dans l'erreur;
s'il l'a ſouſtenuë au ſens des Catholiques, le Pere Annat
auouë qu'il eſt Catholique.

On ne croit pas qu'il y ait perſonne, qui puiſſe ſeulement
s'imaginer que cette queſtion , *ſçauoir ſi Ianſenius a ſouſtenu*
la grace efficace au ſens de Caluin , ou en celuy des Catholiques , ſoit
autre qu'vne pure queſtion de fait, qui ne peut en aucune ſorte
regarder la foy de l'Egliſe. On ſupplie M.... de conſiderer,
que dans cette vnique queſtion de fait, on a pour ſoy la pro-
teſtation de Ianſenius, qui declare nettement en termes ex-
prés & formels, qu'il condamne le ſens de Caluin. Et la pro-
teſtation du meſme Ianſenius, qui declare encore qu'il ap-

prouue

prouue cette doctrine, que la grace laisse toûjours en l'homme le pouuoir d'y resister, qui subsiste auec la grace : Voicy les termes dans lesquels il exprime l'vn & l'autre. C'est au troisiesme Tome Liure 8. ch. 21.§. 1. *Hæc sunt*, dit il, *quæ Ecclesia in Caluino quantum ad hanc materiam gratiæ & liberi arbitrii improbauit, censuræque suæ securitate damnauit. § 2. Primum est, quòd Caluinus negat esse in homine boni & mali electionem, quam tamen &c. §3. Secundum est, quòd Caluinus doceat gratiam ita mouere hominem, vt non sit ei liberum resistere. sic enim loquitur,* nempe Caluinus, *lib. 2. Institut. cap. 3. Voluntatem Dominus mouet non qualiter multis sæculis traditum est, & creditum, vt nostræ postea sit electionis, motioni aut obtemperare aut refragari. Augustino verò,* sunt verba Iansenii, *Dominus ita mouet voluntatem, vt quamuis infallibiliter conuertatur & operetur, possit tamen motioni Dei refragari aut obtemperare, seu vt Concilium Tridentinum loquitur, illi dissentire si velit.*

Le mesme dans le Chapitre 9. du mesme Liure, à la fin du § 1. *Verissimo gratiæque medicinali congruentissimo sensu, liberum arbitrium etiam peccato læsum, tam ante quàm post susceptam gratiam, potest velle & nolle, agere & non agere, consentire & dissentire, agere bonum ac malum, si voluerit.* Et dans le Chapitre 4. §. 1. aussi du mesme Liure, parlant de la maniere, dont les Thomistes accordent la grace efficace auec la volonté, par le moyen de la distinction, *in sensu composito, & in sensu diuiso*, de laquelle il témoigne qu'il s'en peut justement seruir : *Quapropter*, dit-il, presque au commencement, *quicquid Physicæ prædeterminationis defensores pro sua sententia protulerunt, vt liberum arbitrium sub ea saluum esse persuadeant; quicquid etiam ad dissoluenda oppugnantium argumenta, teláque repercutienda moliti sunt pro hac sententia dictum puta. Eodem quippe modo libèrtatem illam arbitrii, de qua ipsi solliciti sunt, incolumem permanere sub illo auxilio medicinali quod Augustinus docuit, ostendi ac defendi potest. Nam ferè quicquid ab aduersariis objici potest, vnica illa distinctione sensus compositi ac diuisi, quam illi prædeterminationis Physicæ defensores adhibent, solui ac dissipari potest.*

Il explique en suite cette distinction de l'Ecole, & il témoigne que s'il ne s'y arreste pas dauantage, c'est qu'elle est

C

pleinement traitée par les Scholaſtiques, & que d'ailleurs
Saint Auguſtin s'eſt ſeruy d'vne autre, pour accorder le libre
arbitre auec la grace, & qu'il a iugé plus propre, quoy
qu'elle ne détruiſe pas cette premiere.

Il ne ſe peut rien voir de plus precis, que ces paſſages, puiſqu'ils contiennent en termes formels le contraire, de ce que
le Pere Annat attribuë à Monſieur d'Ypre.

Ce Docteur eſt donc perſuadé, que la lumiere de la raiſon,
l'equité naturelle, & la Foy de Dieu, ne luy permettent pas
d'attribuer à vn Eueſque vne erreur, qu'il a condánée en termes formels, ſans que l'on puiſſe rapporter vn ſeul paſſage,
dans lequel il l'ait approuuée, & ainſi il ne croit pas qu'il luy
ſoit permis de ſigner, que Monſieur d'Ypre a ſoûtenu la grace efficace au ſens de Caluin : & qu'il ne l'a pas ſoûtenuë au
ſens des Catholiques, & qu'il n'a dit le contraire nulle part.

Ainſi le Pere Annat reconnoiſſant auec tout le monde,
que toutes les queſtions de faict touchant les cinq propoſitions ſe reduiſent à celle-là, ce Docteur ne croit pas qu'eſtant
perſuadé, comme il eſt, de la fauſſeté de ce faict, il puiſſe
ſigner en conſcience la nouuelle Conſtitution, quant à la
queſtion de faict.

III.

AVIS ET SENTIMENT

DE MONSEIGNEVR L'EVESQVE D'ALET,

Sur le Cas proposé par vn Docteur de Sorbonne, touchant la souscription de la derniere Constitution du Pape Alexandre VII. & du Formulaire de l'Assemblée generale du Clergé de France.

Par cét Auis Monseigneur d'Alet soûtient l'obligation de la signature, auec vn acquiescement interieur, & donne l'éclaircissement necessaire aux difficultez proposées dans le cas.

V R la question proposée, si vn Docteur & plusieurs autres de ses amis, qui ont esté jusqu'à present persuadez par la lecture, & l'estude qu'ils ont faite du liure de Iansenius, que les cinq propositions condamnées par le feu Pape Innocent X. ne sont pas tirées de cét Autheur, & que son sens est conforme à celuy de Saint Augustin, peuuent en conscience, & mesme estre obligez de souscrire à la derniere Bulle du Pape d'apresent Alexandre VII. par laquelle sa Sainteté non seulement confirme la Constitution de son predecesseur ; mais declare de plus que les cinq propositions sont tirées du liure de Iansenius, & condamnées dans son sens : Et si ce n'est pas trahir la verité, blesser la Foy, & faire contre la Iustice d'auoüer que ces cinq propositions sont dans vn liure, où on ne les a point trouuées aprés vne exacte recherche, de condamner comme Heretique vn sens qu'on est conuaincu estre Catholique, & de flestrir la memoire d'vn Euesque, qui non seulement a tousjours esté dans la Communion du Saint Siege, mais qui a vescu & est mort dans l'odeur d'vne vertu finguliere : Et s'il ne vaut pas mieux eftre dans la croyance que le Pape n'a prononcé contre Ianfenius, que parce que l'on l'a furpris : & que n'ayant pû luymefme examiner le liure, & s'en eftant rapporté à d'autres, on luy a fait entendre qu'il contenoit vne doctrine toute contraire à celle qu'il contient en effet.

Aprés nous eftre mis en la prefence de Dieu auec vn entier defintereffement, & luy auoir demandé auec foûmiffion d'efprit, la grace & la lumiere neceffaire, pour pouuoir dire nôtre fentiment fur vn fujet fi important, comme nous en auons efté priez : & aprés auoir leu les diuers écrits qui nous ont efté enuoyez fur cette matiere : Tout confideré:

Nous fommes d'auis, que ceux à qui on propofera de figner la nouuelle Conftitution, non feulement le peuuent faire en confcience ; MAIS LE DOIVENT, encore qu'ils ayent efté jufqu'aprefent perfuadez du contraire de ce qu'elle contient : & qu'ils font obligez de fe foûmettre à la declaration du Pape, puifque dans les chofes conteftées entre les Catholiques, telle qu'eft la queftion prefente, comme il paroift par les difputes qui durent depuis fi long-temps, nous deuons fuiure les lumieres, & les decifions du Souuerain Pontife, auquel il appartient, quand l'Eglife ne parle point en corps, de prononcer, & d'arrefter les efprits à ce qu'il juge, ESTANT CERTAIN QVE SON AVTHORITE' DOIT PREVALOIR A TOVS NOS SENTIMENS PARTICVLIERS. Et quoy qu'on reconnoiffe la grande difference qu'il y a, de prononcer fur vne queftion de fait, & de prononcer fur vne queftion de droit : & qu'il paroiffe que la Conftitution du Pape tombe fur l'vne & fur l'autre: L'on peut dire neantmoins, que cette queftion de fait eft tellement jointe à celle du droit, qu'il femble dangereux en cette rencontre d'en faire la feparation.

Outre que la prudence Chreftienne, & mefme la Charité, qui oblige tous les fidelles à maintenir l'vnité de l'Eglife, LES OBLIGE AVSSI A SE SOVMETTRE A CE QVE LE PAPE PRONONCE SVR VN FAIT, lors que le contraire ne paroift pas tout euident, & qu'il y a raifon de craindre qu'on ne caufe quelque diuifion en le niant.

De sorte que dans l'affaire presente, s'agissant de sçauoir si les cinq propositions sont tirées du liure de Iansenius, c'est à dire s'il y en a dans ce liure & dans cét Autheur, qui soient conceuës, sinon en mesmes termes, du moins en termes equiualens : & si le sens de ce mesme Autheur est le veritable sens de Saint Augustin : qui sont des choses pour la connoissance desquelles on a besoin de raisonnement , & sur lesquelles y ayant eû diuersité d'opinions & de sentimens entre les Catholiques, il y a raison de croire, que la chose n'est pas assez claire, pour ne laisser aucun doute: Nous estimons qu'il est juste de se soûmettre à la decision du Pape, & qu'a-prés vne declaration aussi solemnelle & aussi precise que celle qui est contenuë dans la Bulle, par laquelle il asseure que son Predecesseur & luy, ont examiné toute cette affaire aussi meurement qu'il leur a esté possible , *Ea diligentia qua major desiderari non potest;* Il semble qu'on ne puisse dire quil ait esté surpris: & qu'il y a apparence, que si l'on resistoit à son jugement, non seulement on l'offenseroit, MAIS QV'IL AV-ROIT SVIET DE RETRANCHER DE LA COMMVNION DE L'E-GLISE CEVX QVI REFVSEROIENT DE S'Y SOVMETTRE.

Nous ne pensons pas aussi qu'aucun Docteur puisse estre obligé à soûtenir la doctrine de Iansenius, auec plus d'attachement qu'il n'auroit fait luy mesme, personne ne la pouuant mieux entendre que luy : Et il paroist par les termes de son Testament, qu'il ne la soûtiendroit pas aprés la decision du Pape, puisque tout prés de la mort, c'est à dire en vn temps où l'on parle auec toute sorte de sincerité , il a soûmis son liure au jugement de Sa Sainteté. D'où il est aisé de conclurre suiuant le sentiment de Iansenius mesme, que les fidelles ne peuuent estre obligez de receuoir sa doctrine côme vne doctrine de Foy, puisque s'il eust esté de ce sentiment-là, il ne l'eust pas dû soûmettre à aucune censure : Et par consequent, tant s'en faut que la soûmission que l'on rend à la Constitution du Pape, qui la condamne, blesse la Foy de l'Eglise, qu'au contraire cette soûmission est conforme à la dsposition en laquelle l'Autheur est mort.

On ne peut non plus dire que la Constitution ny l'obeïs-

fance qu'on y rend faffe tort à la memoire, & à la reputation
de ce Prelat. Parce qu'encore que le Pape condamne fa doctrine, cette condamnation ne tombe pas fur fa perfonne,
puifqu'il n'a tenu cette doctrine, qu'auec foûmiffion &
dépendance du Saint Siege.

Quant à ce qu'on pourroit oppofer, Que Ianfenius ayant
étably fa doctrine de la Grace efficace, il femble qu'elle foit
ruïnée par la condamnation de cét Autheur. On peut ré-
pondre, que Ianfenius ayant parlé d'vne façon que le Pape
n'approuue pas, & que d'ailleurs la doctrine de la Grace efficace eftant receuë dans les Ecoles Catholiques, elle fubfi-
ftera nonobftant la Conftitution & la condamnation de Ianfenius : Eftant certain qu'vne verité Catholique ne peut pas
eftre détruite, quoy qu'on détruife quelques propofitions
qui fembloient la fauorifer, comme il feroit aifé de le mon-
trer dans d'autres matieres de Foy, & par plufieurs exemples
tirez de l'Antiquité, qu'on obmet pour éuiter la longueur
de cét écrit. De forte que le Pape n'ayant eu deffein que de
condamner la doctrine de Ianfenius, qu'il a eftimé n'eftre
pas conforme à celle de Saint Auguftin, de laquelle on tire
les principaux & plus folides fondemens aprés les Saintes
Efcritures, de celle de la Grace efficace, il femble auffi
qu'elle demeure en fon entier, & ne foit pas affoiblie par la
Conftitution de fa Sainteté.

C'eft pourquoy aprés auoir tout examiné, Nous croyons
DEVANT DIEV, que ce Docteur & fes amis peuuent & doiuent receuoir la Conftitution & y foufcrire fans craindre de
bleffer la Verité ou la Iuftice : Et tant s'en faut que l'on les
puiffe blâmer de ce qu'ils renoncent à ce qu'ils ont creû eftre
obligez de foûtenir jufqu'à prefent ; au contraire tout le
monde connoiffant leur vertu, leur fuffifance, & leur defintereffement, cette foûmiffion ne peut eftre confiderée
que comme vne action heroïque en matiere d'obeiffance &
d'humilité Chreftienne, & ils ne fçauroient rien faire de
plus genereux & de plus agreable à Dieu dans cette occafion, QVE DE LVY SACRIFIER EN HOLOCAVSTE LEVR
RAISON ET LEVRS PROPRES LVMIERES.

Quant au Formulaire, qu'on dit ne contenir en ſubſtance que ce qui eſt porté dans la Bulle, il ſemble qu'on doit auſſi le receuoir, & le ſigner lors qu'il ſera preſenté. Et encore qu'il marque que l'on ſouſcrit, non ſeulement pour la paix de l'Egliſe, mais parce qu'on y ſeroit obligé en conſcience, l'on n'en doit pas faire de difficulté, quoy que cela ne ſoit pas exprimé dans la Conſtitution, PVIS QV'EFFECTIVEMENT LA RAISON POVR LAQVELLE ON S'Y SOVMET , EST VNE RAISON DE CONSCIENCE, & que l'on croit deuoir eſtre obeïſſant au Chef de l'Egliſe.

Tel eſt le ſentiment que nous auons penſé DEVANT DIEV deuoir porter ſur cette affaire & que nous auós exprimé auec le plus de ſimplicité & de ſincerité, qu'il nous a eſté poſſible.

IV.

EXTRAIT

DE L'ECRIT INTITVLE'

REFLEXIONS D'VN DOCTEVR DE Sorbonne, ſur l'Aduis donné par Monſeigneur l'Eueſque d'Alet, ſur le Cas propoſé touchant la ſouſcription, &c.

L'Autheur de ces Reflexions s'excuſe de ſuiure l'Auis de Monſeigneur d'Alet, offre le reſpect & le ſilence pour la Deciſion du fait, & dénie la creance interieure.

E reſpect que nous deuons au S. Siege, nous oblige de ne pas croire legerement qu'il ait eſté trompé, meſme dans ces ſortes de deciſions, dans leſquelles tout le monde auouë qu'il le peut eſtre ; comme l'amour que nous deuons auoir pour la Verité, nous oblige à ne la pas abandonner tant

page 23. dans la VI. Reflexion.

qu'elle nous paroiſt euidéte. C'eſt pourquoy ſi d'vne part aprés cét examen, il ne nous vient aucune lumiere qui nous faſſe entrer dans le moindre doute que nous nous ſoyons trompez dans noſtre croyance, les raiſons qui nous y auoient fait entrer nous paroiſſant tousjours de plus en plus claires & conuaincantes ; & que de l'autre au contraire, nous ayons beaucoup de ſujet de croire, que le Pape a eſté mal informé ; je dis qu'alors il eſt impoſſible que nous changions de ſentiment : & que quelque deſir que nous ayons de nous ſoûmettre à l'authorité du Pape ; tout ce que nous pouuons faire pour témoigner noſtre obeïſſance enuers le S. Siege, eſt de receuoir ſa Deciſion, AVEC VN SILENCE RESPEC-TVEVX, ET NON PAS D'Y ADHERER PAR VNE CREANCE INTERIEVRE.

Car tous nos jugemens particuliers préſuppoſent dans noſtre eſprit, vne maxime generale ſur laquelle ils ſont appuyez..... Or quelle ſeroit (dans la rencontre dont nous parlons) cette maxime generale, qui formeroit ce jugement particulier ? Il n'y en pourroit auoir d'autre que celle-cy : *Ie dois pluſtoſt croire ce que le Pape me dit en des choſes où tout le monde auouë qu'il ſe peut tromper, & où j'ay beaucoup de ſujet de croire qu'il s'eſt trompé, que ce que ma raiſon me fait connoiſtre éuidemment : & par des preuues ſi conuainquantes, que je n'ay aucun ſujet de croire que je me trompe.* Cette maxime ſeroit ſi abſurde, & ſi viſiblement fauſſe, qu'elle ne ſçauroit jamais entrer dans l'éſprit d'aucun homme raiſonnable. Et ainſi commander à vne perſonne, qui eſt entierement perſuadée de la verité d'vn fait, de quiter ſon ſentiment, pour deferer à l'authorité du Pape, ce ſeroit vouloir qu'elle abuſaſt de la raiſon contre l'ordre de Dieu meſme, puiſqu'il n'a donné la raiſon à l'homme, que pour diſcerner le vrai d'auec le faux : afin de pouuoir preferer ce qu'il juge eſtre vrai à ce qu'il juge eſtre faux.

VII. REFLEXION. Mais il n'eſt pas neceſſaire de s'étendre dauantage ſur ce point, puiſqu'il paroiſt que Monſeigneur en demeure d'accord dans ſon Auis. Car quoi qu'il y ſemble dire generalement, que l'authorité du Pape doit

préualoir

preualoir fur tous nos fentimens particuliers, il y a adjou-
fté neantmoins vne exception , qui contient en peu de
mots tout ce que nous venons de dire, à fçauoir , *Qu'on
ne doit fe foufmettre à ce que le Pape prononce fur vn point de faict,
lors que le contraire nous paroift tout euident.* Et ainfi pour
renfermer en peu de paroles tout ce qui touche la premiere queftion, qui regarde l'obligation de croire; *On n'eft
obligé de fe foufmettre interieurement à ce que le Pape prononce
fur vn point de faict, que quand le contraire ne nous paroift pas
tout euident.*

*Or le contraire de ce que le Pape a prononcé par fa nouuelle
Conftitution fur le faict de Ianfenius paroift tout euident à ce
Docteur & à fes Amis ; ils ne font donc pas obligez de reconnoiftre contre leur propre lumiere, ce que le Pape a prononcé fur
ce fait.*

Ie croi auoir monftré fuffifamment la verité de la Propofition generale : & elle femble mefme accordée par le
tres-illuftre & tres-pieux Autheur de l'Auis. Tout retom-
be donc fur la feconde Propofition, qui eft , *Que le contraire de la Bulle (en ce qui regarde Ianfenius) paroift tout euident à ces perfonnes.* Mais c'eft ce qui femble ne pouuoir
faire de difficulté en cette rencontre. Car chaque perfonne & fur tout vn Docteur qui a quelque difcernement
de ce qui fe paffe dans fon efprit, Est le premier ov
plvstost l'vniqve Ivge entre les hommes,
de ce qvi lvy paroist evident, felon cette pa-
role de S. Paul, *Nul ne connoift ce qui eft en l'homme, que l'efprit
de l'homme qui eft en luy.*

D

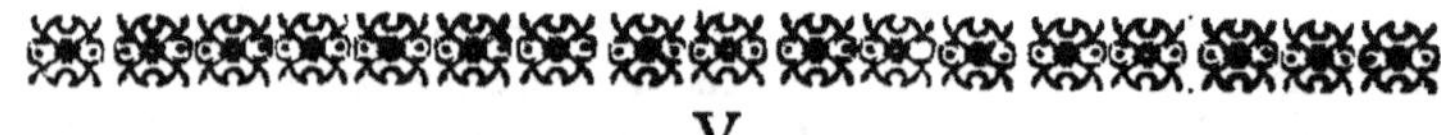

V.

EXTRAIT DE LA LETTRE
DE MONSEIGNEVR L'EVESQVE D'ALET
A M. LE CVRE' DE S. NICOLAS DV CHARDONNET
touchant la fignature du Formulaire.

Dans cette Lettre M. d'Alet confirme ce qu'il auoit dit dans fon Auis, & perfeuere à dire qu'on eft obligé à la creance interieure touchant le fait, contre l'Auteur des Reflexions.

SVPPOSE' en fecond lieu que l'Affemblée n'ait point eu aucune authorité legitime, pour dreffer ce Formulaire de profeffion de foy, quand il ne contiendroit aucune difficulté, l'Euefque en vertu d'icelle ne feroit obligé de le faire figner dans fon Diocefe. Or s'il en contient, comme il me paroift, en ce que l'Affemblée dans fes Articles fait paffer pour des Decifions de Foy vn point de fait non reuelé, qui ne fut iamais reconnu dans l'Eglife pour vn objeɗ de foy; on ne peut raifonablement trouuer à redire, qu'on ait pour vne feconde raifon de ne point deferer à l'Affemblée, auancé que c'eft qu'elle oblige les Euefques de tenir pour Heretiques: & de proceder contre toute forte de perfonnes comme telles, lefquelles bien qu'elles foient dans la foufmiffion aux Bulles, & ne difent ni efcriuent rien contre, auroient peine d'affeurer par vn fein, que ces Propofitions font dans Ianfenius: bien qu'elles puffent eftre blafmées, ou d'IGNORANCE, ou de PRESOMPTION, ou de TEMERITE', de ne conformer leur fentiment & CREANCE INTERIEVRE au Iugement du Pape fur ce point de fait, COMME IE PERSEVERE A DIRE QV'ON EST OBLIGE' de faire, pour les raifons déduites dans noftre Efcrit de l'an 1657.

VI.

MANDEMENT

DE MONSEIGNEVR

L'EVESQVE ET COMTE D'ALET,

Sur la fignature du Formulaire.

Par ce Mandement Monfieur d'Alet difpenfe de l'obligation de la creance interieure fur le fait de Ianfenius, qu'il auoit foûtenuë jufqu'à prefent.

ICOLAS par la mifericorde de Dieu Euefque d'Alet : A tous les Ecclefiaftiques & Reguliers de noftre Diocefe , Salut & benediction en noftre Seigneur. Le rang qu'il a plû à Dieu de nous donner dans fon Eglife Vniuerfelle , & en particulier dans l'Eglife Gallicane , ne nous oblige pas feulement de compatir à fes maux & à fes troubles , mais auffi d'employer tout noftre pouuoir & tous nos foins pour y remedier. C'eft ce qui nous a fait fouuent penfer aux moyens conuenables pour luy procurer la paix, & pour faire ceffer les conteftations arriuées à l'occafion du Liure de Cornelius Ianfenius Euefque d'Ipre, intitulé *Auguftinus*, voyant auec douleur que depuis les deux Conftitutions d'Innocent X. & de noftre Saint Pere Alexandre VII. elles fe font fi fort augmentées, qu'elles font paffées maintenant dans prefque tous les Diocefes du Royaume, & en troublent la paix ; & qu'on en prend fujet de rendre fufpecte la Foy des perfonnes tres-Catholiques & tres-exemplaires en leurs vies & leurs mœurs, & mefme celle de quelques Prelats, fous de vains & faux pretextes; Et nous n'auons pas esté exemts de ces reproches, parce que nous n'auons point exigé de signature dans nostre Diocese, pour les raisons que nous auons souuent exposées. Maintenant que nostre Saint Pere le Pape a enuoyé vne nouuelle Bulle, en datte du quinziéme Feurier dernier, auec vn modele de signature, dont voicy la teneur,

Ego N. Constitutioni Apostolicæ Innocentij X. datæ die 31. Maii 1653. & Constitutioni Alexandri VII. datæ 16. Octob. 1656. Summorum Pontificum me subjicio, & quinque Propositiones, ex Cornelii Iansenii libro, cui nomen AVGVSTINVS, excerptas, & in sensu ab eodem authore intento, prout illas per dictas Constitutiones Sedes Apostolica damnauit, sincero animo rejicio ac damno : Et ita juro, sic me Deus adjuuet & hæc Sancta Dei Euangelia.

Nous dans l'esperance de cette paix, & de voir cesser les troubles & les maux que ces contestations causent dans diuers Dioceses, dont Dieu par sa misericorde a preserué celuy-cy jusques à maintenant, supprimant pour vn si grand bien, plusieurs plaintes tres-justes que nous aurions pû faire, pour l'interest de l'Episcopat, auons crû vous deuoir proposer ladite Formule de souscription, afin que chacun de vous puisse témoigner par sa signature, qu'il est dans les dispositions que l'Eglise demande des Fidelles, lors qu'elle parle par la bouche de ses Pasteurs, & du Pape qui en est le Chef, à l'autorité de laquelle tout Catholique doit soûmettre par vn assujettissement sincere, toutes les lumieres de son esprit, en embrassant generalement tout ce qu'elle embrasse vniuersellement comme de foy, & en rejettant generalement tout ce qu'elle rejette vniuersellement, comme contraire à la doctrine qu'elle a receuë de IESVS CHRIST, autheur de la Foy, qu'elle doit conseruer jusqu'à la fin des siecles.

Il est vray, que comme cette soûmission a pour principal objet IESVS CHRIST: & qu'elle ne regarde l'Eglise, que comme la gardienne des veritez reuelées de Dieu, dont il luy a confié le dépost, elle se renferme aussi dans ces veritez reuelées; & c'est à celles-là SEVLEMENT, qu'elle assujetit entierement la raison. Les autres veritez n'estant pas absolument necessaires, & Dieu aussi ne nous ayant point laiſſé d'autorité infaillible pour les connoiſtre; il s'enſuit, que ſi bien l'Egliſe joint ordinairement aux erreurs qu'elle condamne, les noms des Auteurs qui les ont enſeignées, & des liures qui les contiennent ; neantmoins le jugement qu'elle fait en attribuant certaines erreurs à vn Auteur ou à vn liure, & en jugeant que cét Auteur a eu vn tel ſens erronée, ou qu'il ſe trouue dans ce liure, eſt tres-different de celuy qu'elle forme ſur des propoſitions de doctrine. Car en declarant qu'vne propoſition eſt heretique ou catholique, elle rend témoignage d'vne verité reuelée de Dieu , dont elle eſt gardienne & depoſitaire ; & ſon Iugement alors doit étouffer tous les doutes de l'eſprit, & aſſujetir noſtre raiſon : en quoy conſiſte proprement l'acte de la Foy diuine.

Mais quand elle juge , ſi des propoſitions ou des ſens heretiques ſont contenus dans vn liure : & ſi vn Auteur a eu vn tel ſens; ELLE N'AGIT QVE PAR VNE LVMIERE HVMAINE ET SVR VNE CHOSE HVMAINE : en quoy tous les Theologiens conuiennent qu'elle peut eſtre ſurpriſe; & que partant ſa ſeule autorité ne peut point captiuer noſtre entendement , NY NOVS OBLIGER A VNE CREANCE INTERIEVRE ; en ſorte que par aucune raiſon, ni par aucune apparence contraire, nous ne puiſſions reuoquer en doute ces jugemens , ſur ces ſortes de faits : quoy qu'il ſoit vray , qu'il n'eſt pas permis de s'éleuer temerairement contre ſes jugemens, vers leſquels on doit témoigner ſon reſpect & ſa deference, en demeurant dans le ſilence pour conſeruer l'ordre & la diſcipline qui regle les choſes exterieures.

Nous attendons de voſtre religion & pieté, que vous rendrez cette ſoûmiſſion de foy vers le droit , DE RESPECT ET DE DISCIPLINE VERS LES FAITS , qui ſont contenus dans les Conſtitutions ou Bulles des Papes, dont voſtre ſignature ſera le teſmoignage.

Nous croyons vous deuoir auertir , que par la condamnation de ces propoſitions, la doctrine de S. Auguſtin & de S. Thomas , & le Dogme de la grace efficace par elle

mefme, n'ont receu aucune atteinte , comme quelques-
vns ont voulu prétendre , & qu'ils demeurent dans la mefme autorité qu'ils auoient auparauant dans l'Eglife , n'y
ayant rien de plus contraire aux intentions des Souuerains
Pontifes qui ont fait les Conftitutions, ni à celles des Euefques qui les ont receuës , que cette pretention, ainfi que les
mefmes Papes, auffi bien que les Euefques, l'ont declaré.

Ce font les inftructions que nous nous fommes crûs obligez de vous donner, pour fatisfaire au deuoir de noftre Mi-
niftere. Iesvs Christ qui nous a eftablis Docteurs de la
verité dans fon Eglife, nous ayant obligez d'en inftruire nos
inferieurs, de fatisfaire à leurs doutes, & de refoudre leurs
difficultez ; perfonne ne nous peut difpenfer de cette obligation, puifque c'eft Dieu mefme qui nous l'impofe: ni nous
rauir ce pouuoir; puifqu'il eft effentiellement attaché à noftre Caractere, & qu'il eft vne fuite de la Miffion, par laquelle il nous a enuoyez pour inftruire tous les peuples, en
la perfonne des Apoftres dont nous fommes les Succeffeurs.

Mais aprés nous eftre acquitez de ce deuoir dans ce Mandement mefme, Nous nous tenons affeurez que vous n'aurez
aucune difficulté à figner av bas d'icelvy, pour témoigner que vous eftes dans les difpofitions cy-deffus marquées:
& nous vous conjurons en mefme temps, d'offrir inceffam-
ment à Dieu vos Prieres , afin qu'il luy plaife par fa mifericorde, de déliurer fon Eglife de ces conteftations, qui troublent fa paix, qui amufent les efprits, & qui empefchent qu'on
ne s'occupe à la reformation des mœurs, qui doit eftre vn de
de nos premiers foins : puifqu'elle enferme le falut des Pafteurs & des fidelles dans l'Eglife; & qu'elle peut plus con-
tribuer que toute autre chofe à la reünion de ceux qui s'en
font feparez : qui feroient puiffamment portez à rendre à l'E-
glife ce qu'ils luy doiuent, & à embraffer la veritable Foy, s'ils
voyoient reluire dans les mœurs des Catholiques la fainteté
qui y deuroit eftre. Donné à Alet le premier jour de Iuin,
1665. Ainfi figné, NICOLAS, Euefque d'Alet.

Et plus bas, Par Monfeigneur, P e g a, *Secretaire.*

REFLEXIONS
SVR LES
ECRITS PRECEDENS.

L E s Amateurs sinceres de la paix de l'Eglise, qu'on ne peut obtenir que par la conuersion ou l'expulsion de ceux qui la troublent, ont eu sujet de croire, que l'Epistre Dedicatoire que Iansenius auoit faite durant sa vie, du Liure qui fait le sujet de la guerre aprés sa mort, pourroit conuaincre l'esprit de ses disciples, qui font plus d'honneur à leur Maistre qu'il ne veut, soûtenant ses erreurs, contre vn jugement auquel il s'étoit soufmis. Ces Reflexions pourront seruir, pour ramener au moins ceux qui n'ont pas resolu de fermer les yeux à la lumiere: & qui ne pensent pas estre obligez de suiure Iansenius quand il erre, pour l'abandonner quand il va droit.

I'ay bien du déplaisir que cela ne se puisse faire, sans parler du Mandement de Monseigneur l'Eues-

que d'Alet: pour le refpect que tout le monde doit
auoir pour fon caractere; & pour la réputation que
les bonnes qualitez de fa perfonne luy ont aquife.
Mais fi fa vertu fe reffent, de ce que fes derniers
fentimens trouuent quelque oppofition; il s'en doit
prendre à ceux-là qui fe feruent mal à propos de fon
nom, pour donner credit à leurs erreurs: & l'expo-
fent à la contradiction que la neceffité de foûtenir
la verité de la Foy & l'autorité de l'Eglife exige de
fes Enfans. Encore ay-je cette fatisfaction, de ne
dire rien contre l'auis de M. l'Euefque d'Alet, que
fuiuant l'auis de M. l'Euefque d'Alet; & de n'oppofer que luy mefme à luy mefme, prenant le parti
de fes premiers & indubitables fentimens, contre
ceux qu'on luy attribuë en dernier lieu. Surquoy je ne
puis eftre reprehenfible, que pour auoir preferé fes
premieres penfées aux dernieres, qui eft vne faute
bien fouuent innocente, & neceffaire. Ie pourrois

Vincentius Lenis. mefme la juftifier par l'exemple d'vn Ianfenifte, qui
trouuant de la peine d'accorder la doctrine des der-
niers ouurages de S. Thomas auec celle de Ianfenius,
dit que S. Thomas parloit au commencement plus
Theologiquement: & que fur la fin ayant desja
l'efprit tout plein des Maximes d'Ariftote, qui fa-

tom. 3. pref. au 6. Liure. uorifent entierement, à ce que dit Ianfenius, les
erreurs des Pelagiens, il a parlé plus Philofophique-
ment. Ianfenius mefme fe donne cette liberté, quand
aprés auoir apporté vn tres-grand nombre de Scholaftiques, pour prouuer la troifiefme propofition,
qui a efté depuis condamnée; il confeffe que fur la
fin,

fin , *nonnihil vacillando* , ils n'ont pas esté si fermes
dans les bons sentimens, qu'ils estoient au commencement.

Mais sans pretendre justifier mon procedé par de
si mauvais exemples , il me suffit de sçauoir, que
les Iansenistes ayant demandé à M. d'Alet , s'ils e-
stoient obligez de souscrire la Constitution du Pape
Alexandre VII. & le Formulaire des deux Assemblées
generales du Clergé , & ayant fondé toute leur difficulté sur la conuiction qu'ils auoient de la fausse-
te du fait ; M. d'Alet a respondu affirmatiuement ,
& a donné la solution à leurs raisons , comme il
conste par son Auis, que les Iansenistes mesme ont
fait imprimer. Il me suffit de sçauoir, que les Iansenistes n'ont pas esté satisfaits de cet Auis : & qu'ils
se sont excusez de le suiure, empeschez, disent - ils,
par des *Clartez*, *des Euidences*, *des Lumieres* , *des Conui-*
ctions, qui leur feroient dementir leurs propres
yeux, s'ils se laissoient persuader de souscrire. Il me
suffit de sçauoir, que M. d'Alet a perseueré dans le
sentiment de cette obligation , depuis l'an 1657. jusques à l'an 1661. comme il paroist par sa lettre escrite
à M. de S. Nicolas du Chardonet. Il a donc perseueré quatre ans en contradiction auec les Iansenistes ,
& par consequent, ceux qui veulent aujourd'huy nous
persuader qu'il est d'accord auec eux, nous doiuent
dire, si c'est que les Iansenistes se sont rendus à l'A-
uis de M. d'Alet, & renoncé aux conuictions & aux
Clartez imaginaires, qui leur faisoient auoir peur de
démentir leurs propres yeux : Ou si M. d'Alet, qui

auoit tant prié Dieu, pour obtenir la grace de leur faire vne refponfe conforme à la verité ; a reconnu depuis vn an , que cette grace luy auoit manqué : que le fentiment dans lequel il auoit perfeueré fi long temps eftoit faux : & qu'il le faloit quiter pour prendre celuy des Ianfeniftes. Et je declare , que je penferois faire tort à M. d'Alet, de croire vn tel changement : & tiens ferme à fon premier Auis, jufques à ce qu'il fe foit expliqué dauantage, & qu'il ait retracté fa refponfe au Cas propofé.

I'adjoufte, qu'il y a grand fujet de croire , que ceux qui font fes affaires à Paris , eftendent leur commiffion : & fe feruent de fon nom, pour dire & pour efcrire des chofes , qui ne luy plaifent pas. Son Promoteur a fait faire diuerfes impreffions de fon Mandement dans Paris , & en a diftribué vn tres - grand nombre d'exemplaires , fans aucune per-miffion ni participation de M. l'Archeuefque. M. d'Alet qui fçait fort bien les premiers principes de la Morale, & qui n'ignore pas la fouueraine regle de la juftice, & de la charité, *Quod tibi fieri non vis, alteri ne feceris*, n'auroit pas pris plaifir , que le Pro-moteur d'vn diocefe efloigné de deux cens lieuës, fuft venu dans le fien fans fon agréement pour y faire imprimer & diftribuer vn Mandement de fon Euefque.

Ie ne croy pas non plus, que ce foit de fon con-fentement , qu'on a reformé fon Mandement , en la derniere impreffion , effaçant ce qui eftoit en la precedente, où M. d'Alet fe difoit Euefque d'Alet, *par la miſericorde de Dieu*, ET PAR LA GRACE DV S. SIEGE APOSTOLIQVE. Ie ne dis pas que ce ſoit vn peché, d'omettre ces paroles, mais je ne penſe pas auſſi que M. d'Alet s'imagine, que ce ſoit vn peché de les auoir miſes, ni qu'il faille paſſer l'eſponge par deſſus pour teſmoigner ſon repentir.

Enfin j'ay peine de me perſuader, que M. d'Alet agrée le ſoin qu'on a pris, ſous pretexte de juſtifier la lettre, qu'il a eſcrite à M. l'Archeueſque de Sens, de publier vn recueil de tous les cas, où le Pape & les Conciles ont failli, en jugeant des faits. C'eſt à dire, d'appuyer le deſſein des heretiques, faiſant valoir les objections qu'ils ont couſtume de propoſer contre l'Egliſe Catholique, pour aneantir l'autorité des Papes & des Conciles. C'eſt vn trauail entierement ſuperflu, puiſque perſonne ne ſoûtient cette infaillibilité generale ſur toute ſorte de queſtions de fait : & qu'on n'eſt que ſur la conſequence, par laquelle on veut inferer l'acte, de la poſſibilité és choſes contingentes : & ſoûtenir que le Pape s'eſt trompé au fait de Ianſenius, parce que quelquefois il peut eſtre trompé en quelques faits.

Beaucoup moins approuuera M. d'Alet la meditation de ce Ramaſſeur, quand il dit en la page 6. que ce ſeroit vne choſe infinie, de rapporter toutes ces erreurs de fait, où Dieu a permis que les Papes ſoient tombez, *afin de les preſeruer par ces experiences de leur infirmité*, DE CETTE ARROGANTE PRESOMPTION QV'ILS SONT INFAILLIBLES, DANS LE IVGEMENT DES FAITS. Ce ſont des phrafes, qui ne font point du ſtyle de M. d'Alet, quelque party qu'il prenne dans la difpute de l'infallibilité, & il n'eſt pas malaifé de deuiner de quelle Academie elles viennent.

Toutes ces chofes me font croire, qu'il faut foûtenir M. d'Alet contre M. d'Alet : & defendre ce qu'il a dit agiſſant par luy meſme, contre ce qu'il dit aujourd'huy, eſtant meſnagé par des domeſtiques, aufquels il croira moins qu'il ne fait, quand la connoiſſance de leur conduite & toutes leurs habitudes, luy aura leué le ſcrupule qui l'empeſche de s'en desfier. En tout cas, perſonne ne doit trouuer mauuais, que nous n'ayons point d'efgard à fes Procureurs & Commiſſaires, jufqu'à ce que le Maiſtre ait ratifié ce qu'ils auancent, fous fon nom.

PREMIERE REFLEXION.

IANSENIVS en prefentant fon Liure au Pape, ne penſe pas luy prefenter autre chofe qu'vne queſtion de fait, à ſçauoir ſi dans le temps de vingt années, qu'il a employées à l'eſtude des Efcrits de S. Auguſtin, il a rencontré fes veritables ſentimens fur la matiere de la Grace, en la maniere qu'il l'a expliquée dans fon liure. Car en effet il eſt euident que ces deux queſtions font de tout point ſemblables, quand on demande, Si le ſens propre des cinq propoſitions condamnées eſt le ſens de Ianfenius : Et, Si le ſens de Ianfenius eſt le veritable ſens de S. Auguſtin : Et par confequent il eſt impoſſible que l'vne ſoit queſtion de fait, & l'autre non.

I I.

POVR auoir la decifion de ce point de fait, Ianfenius a crû qu'il faloit s'adreſſer πρὸς τὸν Οἰκυμενικόν, ou comme il

l'entend, au *Generaliſſime.* Parce que , dit-il , ayant eſté
long temps ſimple Soldat en cette guerre, c'eſt à dire en la
Controuerſe ſur les matieres de la Grace, n'eſtant encore
que Docteur : & puis ayant eſté fait Capitaine , eſtant
Eueſque ; pour ſçauoir ſi ſa conduite & de Soldat & de
Capitaine a eſté bonne, il n'a pas jugé qu'il faluſt recourir à
autre , qu'au jugement du *Generaliſſime* , πρὸς τὸν Οἰκουμενι-
κόν. M. l'Eueſque d'Alet auoit eu là deſſus des ſentimens
qui ſembloient eſtre vn peu differens. Car il penſa bien faire , lors que quatre-vingts Eueſques de France eſcriuirent au
Pape , pour demander ſon jugement ſur les cinq Propoſitions, de refuſer ſa jonction à ce gros , pour concourir à
cette demande, ne voulant pas, diſoit-il, embraſſer aucun
parti, puiſque la qualité d'Eueſque le rendoit Iuge de tous
les deux. Mais neantmoins en ſa *Reſponſe au Cas propoſé* ,
il juſtifie ce procedé , quand il dit, *Nous deuons ſuiure les
lumieres & les deciſions du Souuerain Pontife* , A V Q V E L I L
A P P A R T I E N T Q V A N D L'E G L I S E N E P A R L E P O I N T
E N C O R P S , D E P R O N O N C E R E T D'A R R E S T E R L E S
E S P R I T S A C E Q V'I L I V G E.

I I I.

I A N S E N I V S ne porte pas ſon Liure aux pieds du Pape,
pour ſçauoir ſeulement ce qu'il luy ſemble de ſa doctrine , ſe
reſeruant la liberté d'aquieſcer ou de contredire au jugement qu'il en auroit fait : Il s'oblige de ſe ſoûmettre entierement à ſon Iugement , & ſemble vouloir que cette promeſſe ſoit priſe, comme ſi c'eſtoit vn vœu , *ſic vouet :* Et M.
l'Eueſque d'Alet a eu la meſme penſée dans ſa *reſponſe au cas
propoſé ,* quand il adjouſte aux paroles desja citées , *Eſtant
certain que ſon authorité doit preualoir à tous nos ſentimens.* Ce
qui ne peut s'accorder auec la liberté que quelques-vns ſe
donnent, d'interpreter le Formulaire enuoyé par le Pape,
comme il leur plaiſt ; & de s'en faire les Iuges, comme d'vne
piece ſujete à reuiſion.

I V.

L A promeſſe de Ianſenius contenuë en ces termes, *Probans, improbans, figens, refigens quidquid ab Apoſtolica nube in-*

tonuerit, fignifient clairement vn fentiment interieur, conforme à celuy du Pape : Et M. d'Alet entend la mefme
chofe, en fa *Refponfe au Cas propofé* , quand il reconnoift
Que dans.ces conteftations l'authorité du Pape DOIT ARRE-
STER LES ESPRITS. Car les efprits ne font pas *arreftez*,
quand ils ont liberté de croire ce qu'il leur femble, & l'authorité du Pape ne *preuaut pas à nos fentimens*, quand nous
nous imaginons que nous jugeons bien, en jugeant qu'il a
efté furpris, & qu'il fe trompe. C'eft auffi dans cette veuë,
que M. d'Alet conclud aprés auoir tout examiné, Que
le fieur Arnaud qui luy auoit propofé le Cas, & *fes amis,*
peuuent & doiuent receuoir la Conftitution & y foufcrire : fans
qu'on les puiffe blafmer , DE CE QV'ILS RENONCENT A
CE QV'ILS ONT CREV ESTRE OBLIGEZ DE SOV-
TENIR IVSQV'A PRESENT: Et adjoufte , *Qu'ils ne*
fçauroient rien faire de plus genereux & de plus agreable à Dieu,
dans cette occafion, QVE DE LVY SACRIFIER EN HO-
LOCAVSTE LEVR RAISON ET LEVRS PROPRES
LVMIERES. Il parle en cét endroit-là de la queftion de
fait. Et quel moyen , qu'on puiffe *renoncer* à ce qu'on a
foûtenu, & faire *vn holocaufte defa raifon & de fes propres lu-*
mieres , fans changer de creance interieure ?

<h3 style="text-align:center">V.</h3>

LE fieur Arnaud & fes amis l'ont bien entendu de la
forte. C'eft pourquoy fe voyant condamnez par la ré-
ponfe de M. d'Alet, ils ont fait vn ramas du *Cas propofé ,*
de l'Auis de M. d'Alet , & d'vne longue refutation de cét
Auis, qu'ils ont fait imprimer , fous le titre de *Reflexions*
d'vn Docteur de Sorbonne , laquelle ne tend à autre chofe,
qu'à fe defendre contre cette obligation, *de perfuafion ou de*
creance interieure , conforme à la Conftitution & au Formulaire. *Tout ce que nous pouuons faire , difent-ils , pour tefmoi-*
gner noftre obeiffance enuers le S. Siege , eft de receuoir fa decifion
auec vn filence refpectueux, ET NON PAS D'Y ADHERER
PAR VNE CREANCE INTERIEVRE Et tout cela eft
de l'année 1657: En fuite dequoyquatre ans aprés M. d'A-
let refpondant à l'auis qu'il auoit receu de M. le Curé de

Reflex. 6.
p. 23.

S. Nicolas , touchant la peine qu'on auoit d'accorder fa
refponfe au *Cas propofé*, auec fa lettre à M. de Chalons en
Champagne; s'il ne jugea pas, que le refus de figner le
Formulaire puſt paſſer pour vn crime d'herefie ; il ne nia
pas auſſi que les Ianfeniſtes ne puſſent eſtre blâmez , ou
d'ignorance, ou de prefomption , ou de temerité , *de ne
conformer pas leur fentiment* ET CREANCE INTERIEVRE
*au jugement du Pape fur ce point de fait: & perfeuera à dire qu'on
eſt obligé de le faire pour les raifons deduites* en la refponfe au
Cas propofé.

V I.

C'EST ce qui remplit d'eſtonnement tous ceux qui lifent vn certain *Mandement* qu'on fait courir fous fon nom,
pour la fignature d'vn Formulaire enuoyé par le S. Siege,
auec obligation de le foufcrire. Car ce *Mandement* accorde tout ce que M. d'Alet auoit refufé aux Ianfeniſtes , &
ne leur refufe rien de ce qu'ils auoient demandé. Depuis
leur condamnation ils ont tousjours fait femblant de condamner auec le Pape les dogmes, ils fe font retranchez fur
la decifion du fait : & en offrant le refpect & le filence
fur le jugement du Pape qui le decide ; ils ont demandé
difpenfe de l'obligation d'y confentir interieurement , &
d'y ADHERER PAR VNE CREANCE INTERIEVRE:
Et voicy que le Mandement qu'on attribuë à M. d'Alet
les tient quites de *cette creance interieure* qui leur faifoit tant
de peine, aprés leur auoir prouué qu'ils eſtoient obligez
de l'auoir, joignant mefme l'exhortation aux raifons , afin
de leur perfuader cette obeiſſance. C'eſt les auoir difpen-
fez d'eſtre Ianfeniſtes, en la feule chofe en laquelle ils le
pourroient eſtre innocemment , leur retranchant de l'heritage de leur Maiſtre, tout ce qu'il y a de bon, fçavoir fes
foumiſſions au Pape dans le jugement mefmes des faits;
Et leur laiſſant la poſſeſſion de tout ce qu'ils feroient heureux de perdre, qui font les erreurs d'vn tel Maiſtre.

V I I.

ON ne voit pas mefme , que ce que porte ledit *Mandement* foit poſſible : ni qu'on puiſſe obliger quelqu'vn de

foufcrire vn Formulaire, qui contient la confeffion exterieure de celuy qui foufcrit : & le difpenfer en mefme
temps de la creance interieure. Car en ce rencontre l'autorité diuine qui deffend de jamais mentir, concourt auec
l'autorité de l'Eglife, pour obliger à confentir interieurement à ce qu'elle veut qu'on confeffe exterieurement. L'E-
glife nous oblige de dire ce qui eft dans le Formulaire, *Ie condamne fincerement les cinq propofitions extraites du liure de Ianfenius, dans le fens du mefme Autheur, comme le Siege Apoftolique
les a condamnées.* Le Mandement en nous intimant cette obligation, nous fait fçauoir, que nous ne fommes pas tenus
de croire interieurement ce que nous difons. Mais l'obligation de confeffer, & la difpenfe de croire ce qu'on confeffe, que peut-ce eftre autre chofe qu'vne obligation de
mentir à Dieu & aux hommes; ou bien vne difpenfe de
dire la verité en confeffant à l'Eglife nos fentimens? Et ce
qui eft encore plus eftrange, puifque le jurement accompagne cette confeffion dans le Formulaire, où il eft dit,
Ita me Deus adjuuet &c. Qu'eft-ce autre chofe d'obliger à
cette confeffion & difpenfer de la creance interieure, qu'o-
bliger, de jurer faux, & difpenfer d'eftre parjure? La Morale reformée a-t-elle de ces fecrets-là? Les Vierges du Port
Royal, dans leur defobeiffance, parlent plus confequemment, aimant mieux refufer la foufcription, que croire la
condamnation portée par le Formulaire: Et de ce principe,
qui eft tres-affeuré, fe font les vrais & les faux Martyrs
qui font bien conformes en ce qu'ils aiment mieux mourir que contredire leur creance : mais qui font tres-diffe-
rens au fujet qui les fait fouffrir.

VIII.

Les Ianfeniftes, dans l'Efcrit à trois parties *de la fignature du Formulaire,* qu'ils publierent il y a quatre ans, penfent
qu'il y a deux voyes pour remedier à cét inconuenient : la
premiere, *Quand l'Euefque qui propofe le Formulaire, diftingue
dans fon mandement, ou dans quelque autre acte public & efcrit,
le droit & le fait, en declarant expreffément qu'il demande* LA
CREANCE INTERIEVRE POVR LE DOGME, ET LE
RES-

RESPECT POVR LE FAIT. C'eſt à dire, qu'vn Eueſque, qui auroit dans ſon bercail des Ianſeniſtes, & voudroit s'accommoder à leur infirmité, leur preſentant le Formulaire pourroit leur dire: Signez ce Formulaire; mais ne "
croyez que la moitié de ce que vous dites en le ſignant. "
Dites que les cinq Propoſitions ſont de Ianſenius, & qu'el- "
les ſont condamnées au ſens de Ianſenius : & n'en croyez "
rien, vous pouuez meſme jurer en aſſeurant deux choſes, "
quoy que vous penſiez qu'il n'y en a qu'vne de vraye. Qui "
ne voit que ce patelinage ſeroit indigne de la candeur &
de la ſincerité d'vn Eueſque ? Seroit-ce pas toûjours en-
ſeigner la maniere de mentir, & de jurer pour le menſon-
ge ? Et aprés cela, quelqu'vn oſera-t-il crier contre la Morale relaſchée ?

Le ſecond moyen qu'ils propoſent pour euiter vne ſin-
cere ſouſcription, c'eſt que ſi l'Eueſque n'vſe point de diſtinction dans ſon Mandement, celuy qui ſouſcrit l'adjouſte luy-meſme à ſa ſignature, declarant qu'il ſe ſoûmet
à la deciſion du droit, & non à la deciſion du fait. Et cela
à proprement parler, n'eſt autre choſe qu'vn refus de croire tout ce qu'il ſigne, & de ſigner tout ce qu'on veut:
comme ſi l'autorité qui nous oblige de ſigner, nous laiſ-
ſoit la liberté de faire ce beau partage.

IX.

IL y a apparence que c'eſt ce qui a fait inuenter vne autre maniere d'eluder la Conſtitution du Pape, & la Declaration du Roy, en faiſant ſigner vn Mandement au lieu
du Formulaire, qui ſe trouue inſeré dans le corps de ce
Mandement, ſans qu'il y ait aucun eſpace pour la ſignature:
aprés quoy l'on ordonne que chacun ſigne au bas du Mandement. C'eſt à ceux qui ſont obligez de maintenir les
deux Autoritez, l'Eccleſiaſtique, & la Royale, de voir ſi
cét artifice eſt conuenable à la ſincerité qu'on doit attendre
de ceux qui preſentent le Formulaire; & ſi cela ne pourroit
pas eſtre pris pour vne illuſion faite à l'execution des ordres
donnez par ces deux Puiſſances, qu'il ne faudroit ni tolerer
ni diſſimuler.

F

X.

CAR il faut toûjours se souvenir, que le Formulaire qu'on presente vient du Pape, & que sa Constitution, & la Declaration du Roy qui la reçoit, portent obligation de la soufcrire. Ceux qui font ces partages du droit & du fait, pourroient trouver quelque pretexte d'exiger la creance de l'vn & non de l'autre, s'ils en estoient les maistres; Mais ils doiuent en rendre compte à leurs superieurs. Et M. l'Euesque d'Alet est trop éclairé, pour ne voir pas qu'en cette occasion il est subalterne; & qu'il y a quelque apparence de proportion, de ce qu'il jugeroit d'vn de ses Curez, auquel il auroit commandé de publier ses Ordonnances dans sa paroisse; & de ce qu'il peut juger de luy-mesme, en promulgeant les Constitutions du Pape dans son Diocese. C'est à dire, que comme il auroit du déplaisir, & ne souffriroit pas volontiers, qu'vn de ses Curez se donnast la liberté d'interpreter son intention, & de diuiser le commandement de son Euesque, n'exigeant qu'vne partie de ce qui est commandé,& tenant quites ses paroissiens de l'autre; il pust aussi bien voir que le Pape & le Roy auroient sujet de se plaindre, s'il les vouloit obliger de souffrir ce qu'il ne souffriroit pas de ceux qui sont sous sa conduite. Il semble qu'on peut à ce propos le prier, de se vouloir souvenir des paroles qui sont dans la response au *Cas proposé*, quand il dit, parlant du Pape, touchant la question de fait, *Il semble qu'on ne puisse dire qu'il ait esté surpris : Et qu'il y a apparence, que si on resistoit à son jugement, non seulement on l'offenseroit,* MAIS QV'IL AVROIT SVIET DE RETRANCHER DE LA COMMVNION DE L'EGLISE, CEVX QVI REFVSEROIENT DE S'Y SOVMETTRE. Aprés ce jugement, n'est-ce pas se faire le procés à soy-mesme, de faire vn refus, qui a parû si blasmable, qu'on l'a jugé digne de la plus grande des peines de l'Eglise, à sçauoir de l'excommunication.

Pag. 15.

XI.

CES choses seroient suffisantes, pour faire douter, si le Mandement qui court sous le nom de M. l'Euesque d'Alet, est veritablement à luy : & s'il faut méprifer le soupçon que quelques-vns ont répandu,qu'il a esté fait deçà le Loire; n'e-

ſtoit que ſon homme d'affaires, qui l'a fait imprimer dans Paris: & qui ſe remuë beaucoup, & auec fort peu de ſuccés, pour
luy trouuer des imitateurs dans ce deſſein, monſtre ce meſme Mandement, ſigné de la propre main dudit Seigneur
Eueſque. Ce qui ne nous laiſſe autre choſe à dire, pour co-
lorer vn changement ſi eſtrange, des ſentimens que ce Prelat
auoit publiez juſqu'à preſent, en ceux qui paroiſſent aujour-
d'huy dans ſon Mandement, ſi ce n'eſt, qu'il eſt ſujet aux ſur-
priſes, deſquelles il n'exempte pas le Pape; & que quelques-
vns de ceux qui l'obſedent, & auſquels il donne peut-eſtre
plus de creance qu'ils n'en meritent, ont extorqué de luy la
ſignature d'vn Mandement, qu'il n'a pas fait, ſans luy faire
comprendre les juſtes engagemens d'honneur & de conſcience, qui l'obligeoient à dire le contraire.

X I I.

Ce Mandement eſt fait pour perſuader, qu'on ne cherche que la paix de l'Egliſe, & l'vnion des eſprits diuiſez
par ces diſputes. Ce meſme zele a trompé Ianſenius. Depuis
qu'il eſt Eueſque, *il n'a pû*, dit-il, *negliger les mouuemens tres-* Cy-deſſus,
dangereux des propres domeſtiques de la Foy, qui ſont en diffe-
rent ſur vn point de grande conſequence : mais l'experience a
fait voir, qu'il a fait tout le contraire; Il n'y auoit ni guerre ni
trouble dans l'Egliſe, quand l'Auguſtin de Ianſenius a parû.
Les divers ſentimens des Thomiſtes & des Ieſuites, au ſujet
de la liberté, & de la grace efficace, eſtoient reciproquement
ſoûmis au jugement du S. Siege, qui leur auoit donné la liberté de ſoûtenir chacun les ſiens, dans les bornes qu'il leur
auoit preſcrites. Ianſenius, ſous couleur d'y mettre la paix, a
declaré la guerre aux vns & aux autres: & les a obligez de s'v-
nir contre luy, comme contre vn ennemi commun. Il eſt vray
que le meſme Ianſenius, en la dedicace de ſon Livre, ouuroit
vn moyen de paix infaillible, puiſque toutes les parties y con-
ſentoient, qui eſtoit, de s'en rapporter au jugement du Chef
de l'Egliſe, & ſur le fait & ſur le droit. La mort l'empeſ-
cha de s'en ſervir. Et M. l'Eueſque d'Alet l'a approuué durant long-temps, & taſché dans ſa reſponſe au *Cas propoſé*,
de faire trouuer bon aux Ianſeniſtes, qui dediſent leur Mai-

ſtre en ce ſeul point : Mais enfin il ſemble qu'il s'eſt laiſſé ga-
gner à eux , & ne voulant ſe ſeruir de ce moyen qu'à moitié,
il l'a rendu tout inutile , & mis les choſes en eſtat de ne pouuoir point faire de paix : & par conſequent, d'auoir toûjours
la guerre , contre ceux qui penſent eſtre obligez de ſoûtenir
l'autorité de l'Egliſe , & du S. Siege.

XIII.

L'Egliſe combat depuis douze ans, pour empeſcher le cours
de la doctrine de Ianſenius , qui tombe dans celle de Caluin.
Les Ianſeniſtes qui ſoûtiennent cette doctrine de tout leur
cœur ; mais qui ſe ſont veus perdus s'ils le declaroient, ont
reſolu dans les Conſeils ſecrets de leur cabale, de ſeparer la
doctrine de ſon Auteur : & d'auouër que les propoſitions
qu'on dit eſtre de Ianſenius, ſont heretiques en elles-meſmes,
en quelque ſens chimerique qu'on les puiſſe prendre ; mais
qu'elles ont dans le Liure de Ianſenius vn bon ſens. C'eſt le
retranchement ſur lequel ils tiennent ferme contre l'autorité du S. Siege, & des Eueſques vnis auec le Chef de l'Egliſe,
ſoûtenuë par le pouuoir & le zele du Roy. Pour faire donc
la paix, les Ianſeniſtes prient le Pape & les Eueſques, & le
Roy, de ſe payer de reuerences , & de reſpects, & de ſilence;
c'eſt à dire, de diſſimulation : & de les tenir quites de toute
perſuaſion interieure, que ces propoſitions ayent vn mauuais
ſens dans la doctrine de Ianſenius. Il faut eſtre aueugle, pour
ne pas voir que s'ils gagnent cela , ils ſont au deſſus de leurs
affaires , & par ce moyen , ils ont liberté de croire interieurement, que le liure de Ianſenius eſt vn bon liure : & que ſa
doctrine eſt orthodoxe. Et voilà le droit & le fait reünis dans
l'approbation de la doctrine de Ianſenius , qu'ils auoient diuiſé pour eluder ſa condamnation.

XIV.

C'eſt à quoy aboutit enfin le moyen de paix que le Mandement attribué à M. l'Eueſque d'Alet, propoſe à ceux qui
l'en voudront croire. C'eſt à dire , qu'il faut laiſſer les Ianſeniſtes dans la paiſible poſſeſſion de leurs erreurs, les declarant
valablement déchargez de l'obligation de croire que le liure
de Ianſenius ſoit mauuais , & ſa doctrine dangereuſe. Et

parce que c'eſt tout le ſujet de la diſpute qu'ils ont auec l'E-
gliſe, le Mandement attribué à M. l'Eveſque d'Alet fait la
paix entre les Ianſeniſtes & l'Egliſe, en tirant l'Egliſe à ce que
demandent les Ianſeniſtes, au lieu de ramener les Ianſeniſtes
à ce que l'Egliſe a commandé. Ie ne ſçay ſi on pourroit jamais
trouuer des heretiques ſi éloignez de la raiſon, qu'ils ne vou-
luſſent bien faire la paix auec l'Egliſe à ce marché-là.

XV.

CE Mandement nous veut faire croire, *Que Dieu par ſa
miſericorde a preſerué le Dioceſe d'Alet, des troubles & des maux
que ces conteſtations cauſent dans diuers Dioceſes.* Ce qu'on
a de la peine à comprendre, connoiſſant les perſonnes qui
ont la meilleure part à la conduite des ames dans le Dioceſe
d'Alet. Le Promoteur a donné dans Paris, aſſez de ſujet du
ſoupçon qu'on a de ſes attaches au parti condamné par l'E-
gliſe. Le Directeur du Seminaire a fait vne lettre, qui a couru tout le Royaume, par laquelle il ſe conjouït auec les Filles
reuoltées de Port Royal, du courage qu'elles ont eu, de ſoûtenir la verité *abandonnée de preſque tous les Eccleſiaſtiques du
premier Dioceſe de France : & leur enuie la gloire d'eſtre les
Martyres de la verité.* Pour mieux accommoder les affaires,
on y a appellé pour Theologal, vn perſonnage tres-celebre
dans ce parti-là, qui a voulu diſſimuler ſon nom, & feindre
qu'il eſtoit Docteur de Touloufe, pour faire paſſer des mauuais liures qu'il vouloit publier, & que la connoiſſance du veritable Auteur euſt fait rejetter à tous ceux qui craignent le
poiſon du Ianſeniſme. C'eſt celuy qui eſtant malade, & en
danger de mort, ſe déguiſa pour receuoir le S. Sacrement,
mais ayant eſté découuert, il obligea M. le Curé de S. Sulpice
de luy refuſer l'Extreme-Onction, pour n'auoir voulu ſouſcrire purement & ſimplement le Formulaire, quelque inſtance qu'on luy en fit. Les Officiers de ce Dioceſe eſtant de
bonne intelligence, on ne peut pas douter, que l'Official ne
conuienne auec les autres dans les meſmes ſentimens. Cela
eſtant ainſi, comment peut-on dire que le Dioceſe d'Alet a
eſté conſerué des troubles & des maux que les conteſtations
du Ianſeniſme cauſent ailleurs, ſi-non au ſens qu'on dit d'v-

ne ville ou d'vne prouince qui a efté fubjuguée, qu'elle eft
en paix,

XVI.

CEVX qui prendront garde aux maximes de ce Mandement, ne s'eftonneront pas de cette refolution. Il pofe pour
fondement, Que les veritez non reuelées, ne font pas abfolument neceffaires. On refpond que toutes les reuelées mefme ne le font pas : & que l'ignorance, ou quelque mauuaife
inftruction pourroit faire que quelqu'vn niaft impunément,
que le jeune Tobie euft vn chien, & que Dauid euft les che-
ueux blonds. Mais n'eft-il pas abfolument neceffaire, qu'il
y ait dans l'Eglife de Dieu quelque moyen d'empefcher que
les fidelles ne foient point empoifonnez par de mauuais efcrits & de mauuais liures? Et quel moyen que l'Eglife le puiffe faire, fi elle ne peut obliger perfonne à vne creance interieure, que le fens d'vn efcrit ou d'vn liure foit mauuais ?

XVII.

ELLE n'eft pas infaillible, & peut eftre furprife, dit ce
Mandement, au jugement des faits. Quoy pour cela? N'y a-
t-il point d'obligation de croire interieurement des faits,
s'ils ne font appuyez fur vne autorité infaillible ? Ne peut-
on pas dire en cette occafion, ce que dit S. Auguftin, *Si quod
nefcitur credendum non eft, quomodo feruient parentibus liberi ?*
Y a-t-il vne autorité infaillible, qui oblige vn enfant de
croire qu'il eft fils de fon pere ? Y en a-t-il vne pour nous perfuader que celuy que nous croyons noftre ami nous eft fide-
le ? pour croire que noftre Euefque eft Chreftien ? Et que celuy qui dit la Meffe a eu intention de confacrer? Quel moyen
de conferuer tous les liens qui vniffent la focieté humaine,
& dans l'Eglife & dans la vie ciuile, fi on ne peut eftre obligé
d'auoir vne creance interieure des chofes, que quand elle fe
refoût, ou en des auteurs infaillibles, ou en des conuictions
manifeftes ? Et que deuiendra le confeil que M. d'Alet a donné cy-deuant aux Ianfeniftes, tafchant de leur perfuader
*qu'ils doiuent facrifier toutes leurs lumieres, aux lumieres du
Pape* fur le fait de Ianfenius ? Mais oferoit-on s'imaginer que
M. d'Alet, qui fait beaucoup de Reglemens & d'Ordonnan-

ces pour le bien de ſes Dioceſains, ſur des faits particuliers, vouluſt exempter ceux qu'il oblige, de la creance interieure de l'équité de ce qu'il ordonne, leur laiſſant la liberté toute entiere de le blaſmer interieurement & impunément, ſous pretexte qu'il n'eſt pas infaillible en ſes reſolutions ?

XVIII.

Il ſemble qu'on veuïlle juſtifier l'incredulité de l'Apoſtre S. Thomas:& luy donner des armes pour ſe deffendre contre le reproche que Iesvs Christ luy fit, de n'auoir pas adjouſté foy au témoignage de ſes Confreres,s'il eſt vray que l'obligation d'vne creance interieure ſe doiue enfin reſoudre en vne autorité infaillible. Car les autres Apoſtres ne l'auoient pas, auant qu'auoir receu le S. Eſprit, & n'eſtoient pas plus infaillibles que S. Thomas meſme, qui ſe trompoit actuellement, en s'imaginant qu'il pouuoit refuſer la creance interieure au témoignage de ſes Collegues.

XIX.

L'Eglise, dit le Mandement, en jugeant ces faits, *n'agit que par vne lumiere humaine, & ſur vne choſe humaine, & peut eſtre ſurpriſe.* Quand cela ſeroit, ce qui vient d'eſtre dit, fait voir, que cela n'empeſche pas l'obligation de la creance interieure en mille occaſions. Mais comment cela peut-il ſubſiſter auec la pratique de M. d'Alet, & des autres SS. Eueſques, & SS. Docteurs ? Quand M. d'Alet reſpondit au *Cas propoſé, il ſe mit en la preſence de Dieu, auec vn parfait deſintereſſement,* comme il confeſſe luy-meſme, & il forma ſon auis *deuant Dieu.* Quand il eſcriuit à M. l'Eueſque de Chalons, qu'il faloit *recourir aux prieres, & y adjoûter des penitences,* ne demandoit-il que des lumieres qui n'empeſchent pas que l'Egliſe ne puiſſe eſtre ſurpriſe : & par conſequent n'obligent pas à vne creance interieure ? Et qu'y a-t-il dans toute la doctrine de Saint Auguſtin, & dans les eſcrits des Docteurs orthodoxes, & meſme des Ianſeniſtes, plus fortement & plus ſouuent rebatu, que la conſequence de la neceſſité d'vne grace, c'eſt à dire, *d'vne lumiere diuine,* puiſqu'on employe la priere pour l'obtenir ? Pourquoy donc refuſer cette lumiere à l'Egliſe, quand elle a re-

cours à la priere pour le mefme fujet ? Ce n'eſt pas à dire
que nous en voulions faire vne reuelation, les Theologiens
fçauent bien la difference qu'il y a entre vne infpiration diuine & vne reuelation.

XX.

Mais fi c'eſt vne chofe humaine, de fçauoir fi le Pape a
eſté ou n'a pas eſté furpris en condamnant le fens de Ianfenius ; ne l'eſt-elle pas auſſi , de fçauoir fi M. l'Euefque
d'Alet a eſté ou n'a pas eſté furpris en faifant fon Mandement ? Et fi parce que c'eſt vne chofe humaine, il refufe la
fignature du Formulaire pure & fimple , afin d'euiter l'o-
bligation d'vne creance interieure : s'enfuit-il pas pour la
mefme raifon , que fes Diocefains peuuent refufer la fignature de fon Mandement , pour conferuer leur liberté ,
& pour fecoüer l'obligation d'vne approbation interieure,
là où ils ne la doiuent pas?

XXI.

Svr la fin de ce Mandement, nous fommes auertis, *Que les*
,, *Euefques font eſtablis Docteurs de la verité dans l'Eglife , pour*
,, *inſtruire leurs inferieurs , & fatisfaire à leurs doutes : Que c'eſt*
,, *vne obligation que Dieu leur impofe ; & que perfonne ne leur*
,, *peut ranir : Qu'ils font enuoyez en la perfonne des Apoftres pour*
,, *inſtruire tous les peuples.* A Dieu ne plaife, qu'aucun Catholique foit fi malheureux, de vouloir difputer ces qualitez aux Euefques. Mais Ianfenius eſtoit Euefque, & en cette qualité, *Docteur de la verité dans l'Eglife,* comme les autres. Et parce qu'il eſtoit auſſi Docteur de l'Vniuerſité de
Louuain , il a eu peur, que la fragilité des Docteurs Gra-
duez, ne trompaſt quelquefois les Docteurs Sacrez: & ne fiſt
d'vn Docteur de la verité, vn Docteur de menfonge : c'eſt
pourquoy il eſt entré en défiance de fes propres lumieres,
jufques à ce qu'il fceut fi elles fe trouuoient conformes à
celles d'vn Docteur de la verité plus grand que luy. Il s'eſt
fouuenu que le Pape eſt Euefque, & par confequent Docteur de la verité comme les autres. Mais vn celebre Pro-
feſſeur de Sorbonne, qui fut fait Euefque de Cambray, &
puis Cardinal, par le merite du fçauoir & de la pieté qui

reluit

reluit encore dans fes ouurages ; & qui ne doit pas eftre fou-
pçonné d'auoir flaté les Papes, puifque dans le traité qu'il
compofa eftant au Concile de Conftance , il foûtint l'auis
du mefme Concile , qui fe declare leur fuperieur. Pierre
d'Ailly donc , dans le traité qu'il compofa à Conftance pendant le Concile, dit, Qu'vn double Epifcopat a concouru
en la perfonne de S. Pierre, & de fes legitimes fucceffeurs,
à fçauoir l'Epifcopat de l'Eglife Vniuerfelle , & celuy de
l'Eglife particuliere de Rome; Suiuant cette penfée, puifqu'eftre Euefque, c'eft eftre *Docteur de la verité dans l'Eglife*,
le Pape qui eft doublement Euefque , comme dit Pierre
d'Ailly , eft auffi doublement Docteur , & enfeigne la verité dans deux Efcoles : l'vne eft l'Eglife Vniuerfelle , qui
comprend tous les Diocefes de la Chreftienté; & l'autre l'E-
glife particuliere de Rome. Que ferons-nous donc , fi le
Pape qui eft *Docteur de la verité* dans le Diocefe d'Alet, enfeigne qu'on eft obligé de croire que la doctrine de Ianfenius eft mauuaife : & que M. d'Alet, qui eft auffi *Docteur
de la verité* dans le mefme Diocefe, parlant de cette obligation, dife qu'il n'en eft rien, & qu'il eft libre d'en croire ce qu'on voudra : En verité les Difciples de ces deux Docteurs n'ont point d'efprit, & Ianfenius mefme les condamne , s'ils ne preferent le Docteur Vniuerfel au Particulier,
& s'ils ne tournent leur fentiment πρὸς τὸν Οἰκυμενικόν. Ianfenius en difant cela, n'a fait autre chofe que preuenir l'auis
que M. d'Alet a donné au fieur Arnaud en fa refponfe au *Cas
propofé* , qui veut mefme qu'en cette rencontre, *on offre en
holocaufte* fes propres fentimens pour prendre ceux du Pape.

*Ex quo Pe-
trus factus
eft Roma-
nus Epifco-
pus, in Petro
duos Epifco-
patus con-
curriffe, vi-
delicet vni-
uerfalis Ec-
clefia, &
particularis
Ecclefia Ro-
mana.*
Alliacenfis,
par. 1. de
Ecclefiæ
authoritate,
cap.1. conc.
3.

XXII.

Ce mefme Doctorat des Euefques , & cette obligation
que perfonne ne leur peut rauir , d'inftruire les peuples foûmis
à leur conduite, & refoudre leurs doutes, fait faire encore
cette reflexion, Qu'ils doiuent donc s'inftruire des chofes
defquelles ils veulent eftre Iuges , en decidant les doutes
qu'on leur propofe. On leur demande s'il y a obligation
de croire le fait de Ianfenius , fur le témoignage du Pape,
aprés tant d'examens , de tant de Prelats & de Docteurs,

qui confirment ce témoignage par leurs yeux. Quelques-vns difent que non. Mais furquoy fondée cette negatiue? fur la voix de ceux qui ont perdu leur procés. Il femble que c'eft vne fort mauuaife raifon, elle feroit plus forte, & contenteroit mieux ceux qu'ils inftruifent; s'ils pouuoient dire, Ie l'ay veu. Le fait eft deuant les yeux de tout le monde; il eft auffi vifible aujourd'huy qu'il a jamais efté. C'eft le liure de Ianfenius qui parle aux yeux de tous ceux qui le lifent, & qui font capables de l'entendre: fi vn Euefque qui juge, & qui fait profeffion d'inftruire fon peuple comme vn *Docteur de la verité* fes Efcoliers, refufe de regarder ce fait; & aprés auoir declaré qu'il n'a jamais leu Ianfenius, enfeigne à fes Efcoliers fur vn ouïr dire au contraire, qu'ils ne font pas tenus d'ajoufter foy à ce que le Pape en a déterminé; fait-il pas quelque chofe de pis, que ne feroit vn Iuge qui decideroit vn procés fans auoir leû les pieces, fur le rapport & la bonne foy de fon Secretaire?

XXIII.

I E ne fçay à quoy eft bonne la precaution du Mandement, qui declare que par la condamnation des cinq Propofitions, *La doctrine de S. Auguftin & de S. Thomas, n'a receu aucune atteinte.* Car en effet, cét empreffement doit fembler fort fuperflu, puifque perfonne ne pretend fe preualoir de cette condamnation contre la doctrine de ces deux SS. Docteurs: & qu'au contraire on pretend, & on l'a fait voir dans diuers ouurages, que nous pouuons foûtenir la juftice de cette condamnation par la force de leurs témoignages: fi bien qu'vne telle deuotion n'eft plus du tout de faifon, aprés mefme que les veritables Difciples de S. Auguftin & de S. Thomas, ont dit fi fouuent anatheme au Ianfenifme.

XXIV.

P O V R conclufion de ce point, Ianfenius ayant eu continuellement les yeux fichez fur les liures de S. Auguftin, pendant plus de vingt années d'eftude, comme il le raconte luy-mefme: n'a trouué rien de plus affeuré, que le recours au Iugement du Saint Siege, pour fçauoir s'il l'a bien entendu: & c'eft en cela qu'il a rencontré la penfée

& l'exemple de S. Auguſtin , & des Conciles d'Afrique,
qui confeſſerent que leurs reſolutions eſtoient trop foibles,
ſi elles n'eſtoient ſoûtenuës par l'autorité du Siege Apo-
ſtolique; & qui receurent la reſponſe des Papes Innocent
& Sozime , comme des Arreſts definitifs. Non certes, jamais
Ianſenius n'a mieux entendu la doctrine de Saint Auguſtin
qu'en ce point-là : & jamais les Ianſeniſtes n'ont plus failly
qu'en quitant en cela leur Maiſtre , pour faire entendre à
tout le monde , qu'ils ſont plus illuminez que luy.

XXV.

QVANT au dogme de la Grace efficace par elle meſme.
C'eſt vn leurre qui ſert également aux Caluiniſtes & aux
Ianſeniſtes : & ſi on y prend bien garde , c'eſt vn mot de
nouuelle ſtampe , & de la compoſition du Port-Royal. On
trouue bien dans les anciens Theologiens le mot de *Grace efficace* : Les Ianſeniſtes y ont adjouſté , *par elle-meſme.*
Mais paſſe , qu'on puiſſe parler de la ſorte : toûjours des
trois manieres de l'expliquer , tout le monde doit condamner celle des Ianſeniſtes , pour eſtre entierement conforme
à celle des Caluiniſtes , comme on l'a fait voir en diuers
eſcrits , auſquels les Ianſeniſtes n'ont jamais pû reſpondre.
Ceux qui expliquent cette efficacité *par elle-meſme* , de quelque choſe de phyſique qui predetermine la volonté; & ceux
qui n'entendent que quelque choſe de moral , ont vne égale liberté de ſoûtenir leur opinion dans l'Egliſe Catholique:
& vne égale défenſe de ſe condamner les vns les autres;
de ſorte que quelque parti qu'on ſuiue , on ne manque jamais à l'obligation de tenir la *Grace efficace par elle-meſme,*
en choiſiſſant celuy qu'on veut de ces deux-là : c'eſt vne
terreur panique , d'auoir peur de faillir en vſant de la liberté que l'Egliſe nous donne , juſqu'à ce qu'elle en ait autrement determiné.

XXVI.

RESTEROIT maintenant à faire des reflexions particulieres ſur les eſcrits des Ianſeniſtes , qui ont eſté rapportez
cy deſſus : mais pour ne detenir pas long-temps le Lecteur,
j'auouë franchement , que le ſieur Arnaud n'a jamais rien

dit de mieux, ni de plus vray, que ce qu'il a dit en la *Secon-*
" *de Difficulté du Cas proposé.* Qu'on ne peut point, sans offen-
" ser la sincerité Chrestienne & Sacerdotale, signer vn acte
" qui porte la condamnation d'vn liure d'vn Euesque Ca-
" tholique, LORS QV'ON N'ADHERE POINT DANS LE
" COEVR A LA CONDAMNATION, & qu'on croit en sa
" conscience qu'elle est injuste : Qu'on ne peut signer de
" bonne foy & sincerement, ni la Constitution *du Pape*
" *Alex. VII.* ni le Formulaire *dressé par l'Assemblée des Prelats,*
" TANT QV'ON DEMEVRE DANS LA CREANCE dans
" laquelle est ce Docteur (*s'entend le sieur Arnaud*) Que les
" propositions ne sont point de Iansenius : Qu'en signant on
" témoigne son sentiment & sa creance , NON PAS SEV-
" LEMENT VNE DEFERENCE EXTERIEVRE : Que la
" signature n'est pas seulement marque de deference ; mais
" encore de consentement & DE CROYANCE : Que c'est
" le sentiment de S. Chrysostome, qu'on ne peut pas signer
" en conscience contre sa propre lumiere, CE QV'ON NE
" CROIT PAS DANS LE COEVR. Que la conscience ne permet
" point de signer rien de contraire à ce qu'on croit : Qu'il faut
" signer sincerement, ET CROIRE DANS LE COEVR ce
" qu'on signe. Ie dis qu'il ne se peut rien dire de mieux : &
que tout ce discours monstre clairement, qu'on ne peut
pas estre obligé de signer , sans estre obligé d'auoir vne
creance interieure de ce qu'on signe. D'où il s'ensuit que
le sieur Arnaud porte sentence de condamnation , contre
tous ces Mandemens, qui ont exempté ceux qui signent de
l'obligation de la creance interieure : & par consequent que
tous ceux desquels on exige ces signatures, sont obligez de
les refuser, s'ils pensent ne deuoir pas croire ce dequoy leur
signe fait foy.

XXVII.

MAIS je dis aussi que le sieur Arnaud n'a jamais rien dit
ni de plus faux ni de moins receuable, que ce qu'il a auancé dans la *Premiere Difficulté*, pour establir dans son esprit
l'impossibilité de croire que les propositions condamnées
soient de Iansenius, & qu'elles soient condamnées au sens

de Ianfenius, difant, Qu'il ne le peut faire SANS DEMENTIR SES YEVX ET SA PROPRE LVMIERE. Ce qui eft confirmé dans prefque toutes les Reflexions, qui eft vn efcrit de fa maniere, où l'Auteur allegue toûjours des raifons *claires & euidentes, & des conuictions*, qui font qu'il n'eft pas maiftre de fon efprit. Il éprouue bien, dit-il, en cette « rencontre, que nos fentimens ne font pas toûjours en no- « ftre pouuoir : & que quelque defir que nous ayons de les « changer, pour les rendre conformes à ceux des perfonnes « que nous refpectons le plus, cela ne fuffit pas pour les pou- « uoir changer en effet, lors que nous n'y fommes entrez que « par des raifons qui nous ont paru CONVAINQVANTES, & « qui fubfiftent encore dans noftre efprit. Il adjoufte qu'il n'eft « empefché de fuiure l'auis de M. d'Alet, que par L'IMPVIS- « SANCE où fe trouue naturellement noftre efprit, de qui- « ter vne creance, dont la verité luy paroift TOVTE EVI- « DENTE. Il rebat toûjours la mefme chofe, jufqu'à la 42. « & derniere page. Et moy je m'eftonne que le fieur Arnaud ait tant de peur de démentir fes yeux, & qu'il fe foucie fi peu de démentir fa memoire, ne voulant pas fe fouuenir de ce qu'il a autrefois confeffé luy-mefme. Ie m'eftonne qu'il ne s'auife point, que pour conferuer le credit de la fidelité de fes yeux, il dément les yeux de fes confederez, qui ont auoüé ce qu'il nie. Ie m'eftonne qu'il aime mieux démentir les yeux de toute l'Eglife, que les fiens : & s'il faut fortir hors de l'Eglife, trouuera-t-il perfonne qui fçache lire & entendre le Latin, qui puiffe fouffrir fon démentir, fans le luy rendre ? Ie ne veux pas m'arrefter dauantage fur ce point, pour n'eftre pas obligé de redire ce qui a efté amplement prouué dans la premiere partie de la *Conduite de l'Eglife.*

Pag. 8.

Pag. 17.

Ibid.

XXVIII.

MAIS je veux bien prier le fieur Arnaud de prendre garde, qu'en voulant fe défendre contre l'obligation de figner le Formulaire, par la feule crainte de *démentir fes yeux,* il condamne tacitement les Filles du Port Royal, pour la juftification defquelles il prend tant de peine. Car elles n'ont point d'yeux pour lire, & pour entendre le langage de Ianfenius; & les Ianfeniftes mefme fe feruent de cette raifon, pour accufer de violence ceux qui les preffent de figner. Puis donc que toute cette conuiction, qui caufe dans l'efprit *l'impuiffance de croire* ce qu'on dit en fignant le Formulaire, fe refout enfin au témoignage des yeux ; à quel principe refoudra-t-on la conuiction de ces Filles, qui n'ont point d'yeux ? Leur refponfe eft bien-toft trouuée, toute leur refiftance fe reduit aux yeux du fieur Arnaud, & elles font *conuaincuës*, qu'il vaut mieux démentir les yeux de tout le refte de l'Eglife, du Pape, de leur Archeuefque, de prefque tous les autres Euefques, des Vniuerfitez, & de tous les Docteurs, qui reçoiuent les decifions du Pape, que fe défier de la fidelité des yeux du fieur Arnaud. Les voila bien juftifiées.

XXIX.

O N diroit la mefme chofe, s'il fe trouuoit quelque Prelat qui confeffaft qu'il n'a jamais leu le liure de Ianfenius, & qui neantmoins ne puft fe refoudre de figner le Formulaire. Car puifqu'il ne pourroit pas alleguer le témoignage de fes yeux, & qu'il faudroit neceffairement qu'il s'en rapportaft aux yeux des autres ; il n'auroit pas raifon de dire comme le fieur Arnaud, *qu'on le veut obliger de démentir fes propres yeux, & fa propre lumiere;* mais il faudroit qu'il euft recours à vne conuiction interieure, qui luy feroit démentir pluftoft les yeux du Chef de l'Eglife, & tout le refte du Corps vni à ce Chef, que témoigner la défiance des yeux de quelques domeftiques, Docteurs, ou foy difant tels, qui font d'ordinaire d'intelligence auec le parti condamné. Vne telle conuiction feroit-elle raifonnable?

X X X.

C E qui trompe le fieur Arnaud, & fes fectateurs, ou ce qui luy fert de voile pour couurir fa tromperie, c'eft qu'il ne diftingue point parmi les conuictions de noftre efprit, celles qui font volontaires & libres, & celles qui font naturelles. Car il eft bien vray, que noftre efprit a vne impuiffance, ou pluftoft vne indépendance de tout ce qui pour-

roit l'obliger de contredire les conuictions naturelles, c'eſt
à dire, celles qui regardent des objets, qui ont d'eux-
meſmes vne veritable euidence. Et ainſi ſi quelqu'vn vouloit forcer ſon eſprit à contredire la maxime, qui dit, Que
le tout eſt plus grand que la partie, Que la meſme choſe ne
peut pas eſtre & n'eſtre pas en meſme temps : Que la raiſon défend de faire à noſtre prochain ce que nous ne vou-
drions pas nous eſtre fait : Que les trois angles du triangle,
ſont égaux à deux angles droits : Que la conſequence d'vn
ſyllogiſme qui a tout ce que la forme preſcrit, eſt infaillible, & ne peut jamais tromper : Celuy, dis-je, qui voudroit
forcer ſon eſprit de croire le contraire, s'il entend ce qu'il
dit, & qu'il ne ſoit ni fou ni frenetique, il n'en ſeroit pas le
maiſtre, & quelque effort qu'il fiſt, il ſuccomberoit toûjours
à la reſiſtance de l'entendement. Mais il y a des objets plus
obſcurs, & qui n'ayant que quelque apparence de verité ou
de probabilité, n'attachent point neceſſairement noſtre jugement, le laiſſant en eſtat de juger ce qu'il plaira à la volonté.   Et c'eſt lors que le mouvement de la volonté le de-
termine, & le porte à dire ce qu'elle aime le mieux. Ce qu'elle fait parfois auec tant d'effort, qu'elle ferme la porte meſme aux doutes , quoy que la choſe ſoit non ſeulement
douteuſe , mais meſme fauſſe.   Telles ſont les conuictions
des heretiques qui ſe laiſſent brûler pluſtoſt que de changer d'auis. Et c'en eſt vne marque infaillible, de voir que
la diſpoſition de leur volonté eſtant changée, celle de l'entendement change auſſi-toſt, & que d'heretiques fort obſti-
nez ils deuiennent, quand Dieu les touche, tres-fermes &
tres-conſtans Catholiques.   Ce qui n'arriue jamais au jugement que nous faiſons des objets qui ſont euidens naturellement & ſans aucune influence de la volonté.

XXXI.

C'ᴇsᴛ encore vne marque aſſurée, qui diſtingue les conuictions volontaires des neceſſaires , de voir l'oppoſition
des jugemens ſur vn meſme ſujet, quand des perſonnes également éclairées, ont des ſentimens differents. Car cela
n'arriue jamais, ni ne peut arriuer lors que les objets ſont

d'eux-mefmes euidens. Tous les hommes font d'accord,
que le tout eft plus grand que la partie, & ainfi des autres
principes, lefquels eftant difpofez en la forme que prefcrit
la Dialectique, tous font pareillement d'accord, que la con-
fequence de la conclufion qu'on en tire, eft infaillible. C'eft
pourquoy M. l'Euefque d'Alet a eu tres-bonne raifon en
répondant au *Cas propofé* par le fieur Arnaud, de prefup-
pofer que la queftion de fait, fçauoir fi les cinq propofitions font de Ianfenius, & fi elles font condamnées au fens
de Ianfenius, n'eft pas comme ledit fieur pretendoit, *toute euidente, puifqu'il y a là deffus tant de conteftation :* & par
confequent, que cette queftion eft de la nature de celles,
où l'autorité de l'Eglife *peut arrefter nos efprits,* & nous obliger à foûmettre nos lumieres à celles du Chef qui la conduit.

XXXII.

D'où il s'enfuit, que c'eft vne tres-mauuaife raifon, de
dire, comme fait l'Auteur des Reflexions, *qu'on n'eft pas
maiftre de fon efprit,* pour luy faire croire qu'il faille figner
la Conftitution du Pape, & le Formulaire, tandis que les
raifons conuainquantes, qui ont perfuadé le contraire fubfiftent; & que la mefme lumiere perfeuere. Parce que toute cette conuictiom eftant volontaire, comme il paroift par
ce qui a efté dit, refpondre qu'on ne peut pas, c'eft à dire,
qu'on ne veut pas. Et ce que dit S. Auguftin de ceux qui
excufent leurs defauts, par le pretexte de l'ignorance inuincible, conuient tres-bien aux Ianfeniftes, quand ils difent, qu'ils ne peuuent pas obeïr *non quia non poffunt, fed
quia nolunt.* Car d'alleguer la clarté de leurs lumieres, à
qui veulent-ils les faire voir : fçait-on pas qu'il y en a de
fauffes? Et n'ont-ils pas peur qu'on leur die, *lumen quod in
te eft tenebræ funt?* C'eft l'effet ordinaire de l'obftination,
de confondre le vray & le vraifemblable:& de s'imaginer que
l'apparence d'vne raifon, & l'euidence, ne font qu'vne mefme chofe.

XXXIII.

MAIS quelle prefomption eft celle des Ianfeniftes, de
vouloir

vouloir qu'on croye que tout le monde eft dans les tenebres, & qu'il n'y a de lumiere que pour eux ? Quel droit
ont-ils de s'approprier l'heritage que Saint Paul veut eftre
commun à tous les fidelles, quand il les appelle *Enfans de
lumiere?* Ont-ils quelque raifon qui nous empefche d'alleguer le témoignage de nos yeux, auffi bien qu'eux ? D'ap-
peller nos raifons conuainquantes, auffi bien qu'eux ? De produire des clartez & des euidences, auffi bien qu'eux ? Ce n'eft
pas que je leur accorde qu'en cela nous fommes égaux : Ie
pretends que tout l'auantage de l'euidence, & de la clarté
de ce fait eft deuers nous : Mais je veux dire, que quand
bien cela feroit, & que les deux partis pourroient alleguer
également l'vn contre l'autre, la conuiction de leurs lumieres & de leurs clartez, il faut neceffairement trouuer dans
cette contradiction de lumieres quelque Iuge qui decide la
difpute, & qui oblige vn parti d'efteindre fon flambeau
qui ne faifoit que fumer, pour fe conduire par les lumieres de l'autre. Or eft-il que Ianfenius en la dedicace de
fon liure : & M. d'Alet en fa refponfe au *Cas propofé*, n'en
trouuent point de plus proche, ni de plus acceffible, que le
Chef de l'Eglife : & prefuppofent tous deux, que les mem-
bres de ce Corps font bien vnis, quand ils n'ont point d'autre mouuement que celuy que le Chef leur donne.

XXXIV.

L'Avtevr des Reflexions voyant que cette maxime,
qui eft la maxime fondamentale de l'vnité des fidelles, ruine tous fes deffeins, fe jette à l'écart, & en eftablit vne autre, qui met vn defordre épouuentable dans l'Eglife, parce
qu'elle appuye également les deux partis dans toutes les
diffenfions des fidelles, particulierement lors qu'elles en-
uelopent quelque fait, & les rend irreconciliables. *Chaque
perfonne*, dit cét Auteur, *& fur tout vn Docteur, qui a quelque difcernement de ce qui fe paffe dans fon efprit*, EST LE
PREMIER, OV PLVSTOST L'VNIQVE IVGE ENTRE
LES HOMMES, DE CE QVI LVY PAROIST EVIDENT,
*felon cette parole de S. Paul, Nul ne connoift ce qui eft en l'hom-
me que l'efprit de l'homme.* Il traite S. Paul, comme il a ac-

H

couftumé de traiter les autres A[u]te[urs] [e]n leur donnant vn
fens auquel ils n'ont ja[m]ais pe[nfé] [S]aint Paul dit bien
que le feul efprit de ch[a]q[ue] ho[mme] connoift fes actes in-
ternes , quant à l'exiftence , & que lors qu'il fait vn acte
de foy, il eft conuaincu, par fon experience qu'il a quelque
foy dans fon efprit, & quelque contrition, quand il fait vn
acte de contrition , & ainfi des autres actes. On peut dire
mefme, que cette connoiffance eft intuitiue, & par confequent euidente, quant à l'exiftence de ces actes; mais elle
ne l'eft nullement, quant aux differences & qualitez particulieres, comme il peut eftre euident à vn homme qui
voit de loin vn corps qui fe meut, que c'eft vn animal;
mais s'il ne s'approche dauantage, il ne fçauroit dire s'il
eft raifonnable ou irraifonnable. Il eft euident à l'homme
qu'il croit quand il fait vn acte de foy; mais il ne fçait s'il
croit, *ficut oportet.* Il peut auoir euidence qu'il aime Dieu;
mais non s'il l'aime purement, & fur toutes chofes: autrement il auroit euidence qu'il eft en la grace de Dieu, contre ce que dit l'Efcriture, *nemo fcit an odio vel amore dignus
fit.* Il peut auoir euidence qu'il eft contrit d'auoir offenfé
Dieu; mais fi c'eft vne contrition parfaite ou non, la doctrine de Port Royal porte qu'il n'en faut pas croire les pe-
nitens. Car autrement pourquoy leur differeroit-on l'abfo-
lution? De cette maniere, l'Auteur des Reflexions peut dire, qu'il eft conuaincu euidemment, qu'il a vn jugement
qui luy dit que le fens de Ianfenius eft different du fens des
propofitions condamnées; mais la maxime de Saint Paul ne
luy donne point d'euidence, que ce jugement foit veritable. C'eft à dire, qu'il experimente dans fon efprit, & juge euidemment, & veritablement, qu'il a vn jugement qui
n'a ni euidence ni verité. Car en ce rencontre, il y a deux
actes: l'vn directe, qui eft faux & obfcur: & l'autre reflexe,
qui eft veritable & euident, qui ne prononce rien fur la
fauffeté & ineuidence du premier; mais feulement fur l'e-
xiftence. Que fi le fieur Arnaud perfifte à dire, qu'il fent
en fon cœur cette euidence , je luy refponds, que c'eft le
fentiment de tous ceux qui font illudez: ou par l'apparence des raifonnemens faux, ou par la violence de la paffion qui

ne difcerne point le vray du vrayfemblable. Ainfi l'impie
fent *in corde fuo* vn dictamen qui luy fait dire, *non eft Deus*,
qui femble à quelques-vns euident; mais qu'ils jugent eux-
mefmes, ineuident & faux, quand ils font gueris de leur
paffion, & que la mifericorde de Dieu les éclaire, & con-
uainc leurs tenebres par la lumiere de fa grace.

XXXV.

D I E V permet que des gens de bien, & des Euefques
mefme, fpirituels & interieurs, tombent dans ces illufions.
Le Seigneur Euefque Palafox, qui aprés auoir efté Euefque
d'Angelopoli au Mexique, fut fait Euefque d'Ofma en Efpa-
gne, fe met de ce nombre-là, dans les Remarques qu'il a
luy-mefme publiées, fur les Lettres de Sainte Terefe. Et
je fuis bien-aife, que cette occafion fe prefente, de faire
connoiftre la vertu de M. l'Euefque d'Ofma, afin que ceux
qui fe meflent de compofer des Onguents pour la bruflu-
re, voyent fi cetuy-cy feroit bon, pour guerir les playes que
peut auoir fait aux Iefuites, la pretenduë Lettre de M. l'E-
uefque d'Angelopoli. Voicy donc comme parle M. d'Ofma.
Nous fommes, dit-il, le plus fouuent fi attachez aux fauffes raifons, que l'amour propre nous offre, pour deffendre vne
mauuaife caufe, qu'il eft bien difficile de les arracher de l'i-
magination, & de fe reduire à la verité. Ce malheur nous arriue à tout moment, du moins je l'experimente tous les jours
en moy-mefme. Et je le reconnus principalement en vne
rencontre : & il n'importe pas que je confeffe ma faute en
public, puifque j'ay peché deuant les yeux de tout le monde. Il m'arriua donc dans vn fujet de cette nature, que je
trouuois quelques raifons pour m'oppofer à mes parties, qui
me fembloient apparemment bonnes & faintes ; mais dans
la fubftance elles n'eftoient que l'effet d'vn efprit vain &
prefomptueux. Car je connus dans la fuite, eftant éclairé
de la lumiere de Dieu, que ce que je croyois eftre de Dieu,
eftoit entierement contraire & oppofé au feruice de Dieu,
& cette fauffe croyance venoit de mon amour propre, de
ma paffion, de mon orgueil, & de ma prefomption.

Voilà ce qui peut arriuer quelquefois aux Saints de cette

Sur la let-tre 65. n. 55. Voyez M. Pellicot en la vie de M. l'Euefque d'Ofme, imprimée à Paris pa. 19. chez George Ioffe.

H ij

vie , dont la fainteté n'eſt pas encore conſommée ni ſans defaut: ils s'examinent, & diſent qu'ils ſont conuaincus dans leur
cœur de la juſtice de leur cauſe; & il eſt vray qu'il y a de la conuiction , mais elle eſt volontaire , & prouient de l'affection
vehemente du meſme cœur; & non de l'euidence de leur
raiſon. C'eſt pourquoy auſſi elle eſt paſſagere , & s'éuanouit
dans vn eſprit docile, quand la nuë de la paſſion fait place
à la lumiere de la grace, & aux auis de gens ſages & intelli-
gens. Mais c'eſt vn deſeſpoir , quand l'eſprit eſt opiniaſtre.

XXXVI.

C'eſt à quoy nous reduit la maxime de l'Auteur des
” Reflexions, Que chaque perſonne, & ſur tout vn Docteur
” qui a quelque diſcernement de ce qui ſe paſſe dans ſon eſ-
” prit, EST LE PREMIER, OV PLVSTOST L'VNIQVE
” IVGE ENTRE LES HOMMES DE CE QVI LVY PA-
” ROIST EVIDENT. Car de cela il s'enſuit, qu'il n'y a entre les hommes aucune autorité, ni Eccleſiaſtique, ni Royale,
qui puiſſe ramener ceux qui ſont dans l'erreur, ni par con-
ſeil, ni par commandement : ce qui eſt, à le bien prendre,
faire de l'Egliſe Catholique vne Babylone, quand chaque
perſonne, & ſur tout les Docteurs , au ſentiment deſquels les
peuples ont couſtume de ſe conformer, s'imagineront qu'ils
ont euidence de ce qu'ils croyent, dautant que ce qui arriue au fait de Ianſenius peut arriuer en mille occaſions.
Vn Ianſeniſte diſant qu'il luy paroiſt euident que le ſens des
cinq Propoſitions n'eſt point le ſens de Ianſenius : & vn Catholique diſant qu'il luy paroiſt euident que c'eſt le meſme
ſens, il faut que tous deux meurent dans leur contradiction,
puiſque ni l'Egliſe, ni les Conciles, ni les Papes, n'y peuuent rien, chacun eſtant *le premier & l'vnique Iuge entre les
hommes, de ce qui luy paroiſt euident.* Vn Bachelier ſe ſera
imaginé que Thomas Anglus a rencontré la penſée des Peres des premiers ſiecles, en ce qui regarde le Purgatoire, &
la nature des peines que les ames y ſouffrent ; & dira que
cela luy eſt euident : vn autre dira qu'il a euidence du contraire. C'eſt vne queſtion de fait, qui en ſera donc le Iuge entre les hommes, puiſque chacun d'eux eſt le premier,

ou pluftoft l'vnique Iuge de ce qui luy paroift euident? Caluin dira qu'il luy paroift euident, que S. Auguftin eft entre tous les Peres le FIDELLE TESMOIN de la doctrine de l'ancienne Eglife: & qu'il luy paroift de mefme euident, que S. Auguftin n'a reconnu autre manducation du Corps & du Sang de IESVS CHRIST en l'Euchariftie, que la fpirituelle, par la feule foy. Il paroift euident à tous les Catholiques, que c'eft vne fauffe euidence qui trompe Caluin. Ce font des queftions de fait; que peut faire à cela l'autorité de tous les hommes, fi chaque perfonne eft le premier, ou pluftoft l'vnique Iuge de ce qui luy paroift euident? Il paroift euident à vn Iuif, que la doctrine du vieux Teftament eftablit vne Diuinité, à l'exclufion de la pluralité des perfonnes: Il paroift euident à vn Chreftien, que ce qui eft obfcur dans le vieux Teftament eft expliqué dans le nouueau. Et quoy faire pour détromper ce Iuif, puifqu'on l'eftablit le premier & vnique Iuge de ce qui luy paroift euident? Il paroift euident à vn Turc, par les fuccés & les accroiffemens de la fecte de Mahomet, que ç'a efté vn grand Prophete. Si vn Ianfenifte le vouloit conuertir, que feroit-il, aprés luy auoir accordé qu'il eft le premier & l'vnique Iuge entre les hommes de ce qui luy paroift euident? L'Impie & l'Athée dit, qu'il luy paroift euident, que le monde fubfifte & a toûjours fubfifté par l'ordre, la liaifon, & la fubordination des caufes & des parties dont il eft compofé; & qu'il n'y a point de caufe premiere hors de luy, & au deffus de luy, qui luy ait donné commencement. Que fera la Philofophie des Ianfeniftes, en oppofant vne euidence contraire, puifque chacun eft le premier & l'vnique Iuge de ce qui luy paroift euident? N'eft-ce pas jetter la confufion, le defordre, & la diffenfion parmi tous les Catholiques? N'eft-ce pas reconnoiftre l'autorité de l'efprit particulier, que les heretiques oppofent à celle de l'Eglife? N'eft-ce pas donner des armes défenfiues au Iudaïfme, au Mahumetifme, à l'Atheïfme, impenetrables à tout ce que la force de la raifon & de la fageffe des hommes fe peut imaginer, pour rendre la verité victorieufe de l'erreur? Et n'eft-ce pas

H iij

enfin retrancher de la Iurifdiction, tant Ecclefiaftique que Se-
culiere, le pouuoir dont elle a l'vfage de tout temps, de juger de ces euidences perfonnelles, fans auoir égard à ce qui
paroift euident aux heretiques, & aux impies, contre le pri-
uilege que cét Auteur leur donne, *d'eftre les vniques Iuges
entre les hommes de ce qui leur paroift euident?*

XXXVII.

APRES cela les Ianfeniftes demandent des *Conferences
reglées* pour examiner la verité de leur fait. Mais quel fuccés peuuent-ils fe promettre de ces Conferences : & auec
qui veulent-ils conferer ? Appelleront-ils des Efprits ou d'en
haut ou d'en bas pour conferer auec eux ? Car s'ils veulent
conferer auec des hommes, aprés que les vns auront dit que
ce qu'ils jugent du fait de Ianfenius leur paroift euident,
& que les autres auront oppofé vne euidence toute contraire, qui eft vne chofe immanquable; qui vuidera le different ? faut-il pas neceffairement trouuer vn Iuge de cette
difpute ? fera-ce vn homme ou vn Ange ? vn homme ne peut
pas l'eftre, puifque chacun des difputans eft *le premier &
l'vnique Iuge* de ce qui luy paroift euident : & l'Ange qui
conduit l'Eglife, fera fans doute contredit, par celuy qui
gouuerne la fecte des Ianfeniftes, laquelle on peut appel-
ler deformais la SECTE DES INDEPENDANS, puifqu'il
ne fe trouue entre les hommes aucun Iuge qui ait affez
d'autorité pour regler leurs fentimens, vn chacun eftant *le
premier, ou pluftoft l'vnique Iuge de ce qui luy paroift euident.* Ils
ne fe contentent pas de le dire, ils le monftrent par effet.
La doctrine de Ianfenius a efté condamnée par trois Papes
confecutiuement; & cette condamnation publiée dans toute l'Eglife, par quatre Conftitutions Apoftoliques, outre
plufieurs Brefs tres-exprés: Toutes ces decifions ont efté re-
ueuës & confirmées par le Iugement de deux Affemblées
generales de l'Eglife de France, & par plufieurs Affemblées
particulieres de tous les Prelats qui fe font trouuez à Paris,
où la queftion a efté traitée contradictoirement; comme
elle fut en celle du Louure, de l'an 54, où l'on examina
les Efcrits produits de part & d'autre, & furent entendus

ceux qui fuivoient ou qui faifoient femblant de fuiure ce parti. L'autorité du Roy a concouru pour l'execution de tous ces Iugemens: & il n'eft rien venu de Rome fur cette matiere, que fa Majefté n'ait accompagné, ou de fes Arrefts, ou de fes Lettres patentes, ou de fes Declarations, qu'elle a voulu porter au Parlement, pour en autorifer l'enregiftrement par fa prefence, qui ont efté fuiuies d'vn pareil enregiftrement dans tous les autres Parlemens. Tellement que voilà le concours des deux Puiffances Souueraines, pour obliger les Ianfeniftes de fe conformer au fentiment commun. Mais ils ont vne *euidence interieure*, qui leur fait voir, que les Papes fe font trompez : que les Euefques fe font trompez : & les Docteurs, & tout ce qu'il y a de gens fçauans dans le monde, hors de leur petit troupeau : & le Roy qui a fuiui le mouuement de ce torrent, a efté auffi trompé. Et dautant qu'ils font les premiers & les vniques Iuges de ce qui leur paroift euident, ils prient bien fort & le Pape, & le Roy & tout ce qu'il y a de grand & de puiffant dans l'Eglife & dans l'Eftat, de les excufer, s'ils leur refufent l'obeïffance qu'on leur demande : car pour les peines ils s'en moquent, l'excommunication qui accompagne l'herefie, & retranche ceux qui en font atteints, de la Communion des fidelles, fait craindre tous les Catholiques ; mais les Ianfeniftes ne penfent pas pouuoir eftre retranchez s'il ne leur plaift, il y en a mefme qui s'imaginent, qu'ils font d'autant mieux vnis, que plus fortement ils refiftent à ceux qui les feparent. Par ce moyen ils fe mettent audeffus des plus grandes peines fpirituelles, dont l'Eglife puiffe feruir pour corriger fes Enfans rebelles. Et pour les temporelles, aprés que la Iuftice du Roy a fait brûler leurs liures, ils en publient de plus méchans : les premieres parties de l'Apologie auoient efté condamnées au feu, la quatriéme eft furuenuë plus grande & plus infolente que les autres. C'eft ce que j'appelle *la nouuelle Secte des Independans.*

XXXVIII.

ENCORE s'ils vouloient fe contenter de cela ; mais il

femble que dans cette indépendance ils affe'dent quelque
forte d'empire, pour s'affujettir ceux au pouuoir defquels
Dieu les a foûmis. Monfeigneur l'Archeuefque de Paris eft
leur legitime Superieur & leur Pafteur. Dés qu'ils ont connu qu'il pourroit les faire fortir de Port-Royal, ils ont agi en
fon endroit, comme les Souuerains ont couftume d'agir enuers leurs inferieurs, par promeffes & par menaces: & dans cette imagination qu'ils ont, qu'il n'eft rien qui puiffe refifter à la
force de leurs plumes, foit pour éleuer, foit pour abatre ceux
qui fe rendront dignes, ou de leur faueur, ou de leur colere; ils luy firent connoiftre par leurs emiffaires, que s'il
les vouloit traiter amiablement, ils le feroient grand, &
redoutable à tous fes aduerfaires prefens & auenir: au contraire, qu'il auoit fujet de craindre les dents & la pointe de
leur Satyre, s'il entreprenoit de les pouffer. Mondit Seigneur
ayant receu ces propofitions comme elles meritoient: &
fait connoiftre que les loüanges des heretiques font inju-
rieufes à vn Prelat qui veut faire fon deuoir pour maintenir la foy de l'Eglife, comme au contraire leurs outrages
font honorables à ceux qui les méprifent, ils n'ont pas manqué de prendre l'autre parti, & de dire tout ce que les gens
fages lifent auec autant d'indignation que de mépris, dans
l'Apologie à quatre parties, & dans leurs autres feuïlles volan-
tes. Mais nous pouuons dire, qu'au lieu de diminuër le refpect
& le credit de M. l'Archeuefque, ils ont perdu le leur, s'il
en reftoit quelque chofe, & qu'ils peuuent prendre pour
deuife, *mentita eft iniquitas fibi*, puifque les gens d'honneur
ne les confiderent dans tous ces Efcrits infolens, que comme des Pies qui font du bruit, contre celuy qui défait
leur nid. Quant à ce qui me regarde, & pour la part qu'ils
me donnent dans ces outrages, j'en fçay bon gré à l'Apologifte, & il ne m'euft pas fait plaifir de m'épargner, aprés
auoir traité fi indignement fon Archeuefque: mais je par-
leray encore à luy dans la fuite.

XXXIX.

Svr la troifiéme Difficulté du *Cas propofé*, je prie le Lecteur de remarquer, comme les Ianfeniftes font heureux en

Impri-

Imprimeurs; car ils en trouuent qui les feruent vtilement,
mefme en pechant : & font des fautes qui leur font tres-
auantageufes, pour euiter l'embarras de quelques difficultez, dont ils ont peine de fe dégager. C'eft ce qui paroift en la troifiéme Difficulté, où le fieur Arnaud employe
mon nom & mon fentiment, pour perfuader que nous fommes conformes quant à la doctrine de la Grace efficace par
elle-mefme : ce qu'eftant ainfi, on ne doit pas à fon auis,
les inquieter fur la queftion de fait. Pour cela il rapporte
ce que j'ay dit autrefois en refpondant à la plainte que font
les Ianfeniftes, de ce qu'on les appelle heretiques : où expliquant la differente maniere dont fe feruent les Catholiques & les Caluiniftes, pour exprimer leur fentiment, je
parle ainfi. *Les Docteurs Catholiques font d'accord, que la Grace
efficace par elle mefme gouuerne tellement noftre volonté, qu'elle
nous laiffe le pouuoir d'y refifter : en forte que ces deux chofes fe
trouuent enfemble, la Grace dans la volonté, & dans la mefme
volonté* SOVS LA GRACE, *vn pouuoir fuffifant pour s'empefcher d'y confentir.* De bonne fortune pour le fieur Arnaud,
fon Imprimeur au lieu de mettre, *& dans la mefme volonté*
SOVS LA GRACE, a mis, *& dans la mefme volonté* SANS
LA GRACE, qui eft vn changement tres-important, & qui
touche l'effence, & comme le cœur de la controuerfe,
quoy qu'il ne confifte qu'en deux lettres d'vn monofyllabe.
Quelques-vns ont voulu dire que c'eftoit vne friponnerie, je
la paffe neantmoins pour vne faute d'Imprimeur, dans laquelle il eft tombé par deux fois en la mefme page, auffi bien que
celle qui eft en la page precedente, où il me raille fous le nom
de Pape, n'eftant pas croyable qu'vn efprit fi ferieux & fi éleué, qu'eft celuy du fieur Arnaud, ait efté capable d'vne raille-
rie fi baffe, en efcriuant à M. d'Alet, ennemi de la boufonne-
rie. Tout ce qui fe peut ajoûter, c'eft que fi les Imprimeurs
des Ianfeniftes fçauent fi bien faillir au profit de ceux qu'ils
feruent, ceux-cy ne manquent pas auffi d'en eftre reconnoif-
fans, par la complaifance qu'ils ont pour eux, qui eft caufe
qu'ils diffimulent leurs manquemens, & ne font point d'*Er-
rata* pour cette forte de fautes.

I

X L.

Le ſieur Arnaud, pour confirmer ce qu'il a dit, que Ianſenius ſoûtient la liberté de l'arbitre au ſens des Catholiques, & non au ſens de Caluin, produit trois paſſages, au premier deſquels Ianſenius accuſe Caluin, d'auoir nié que l'homme ait le choix du bien & du mal : au ſecond il l'accuſe d'auoir dit, que Dieu par ſa grace meut tellement noſtre volonté, qu'ayant receu ſon mouuement, nous n'auons pas le choix d'obeïr ou de reſiſter : & parce que obeïr & reſiſter eſt le meſme que le bien & le mal ; ces deux erreurs de Caluin n'en font qu'vne : & tout ſe reduit à la faculté que peut auoir la volonté, qui eſt ſous la grace, ou ſous le mouuement de la concupiſcence, de faire l'vn ou l'autre. Surquoy il faut croire certainement que Caluin a erré, en refuſant au libre arbitre le pouuoir de faire ce choix. Mais auſſi faut-il confeſſer qu'il a parlé proprement en expliquant ſon ſens & ſa penſée ; au contraire de Ianſenius, qui ne peut diſputer contre Caluin, que de la maniere de s'exprimer, le ſens & la penſée de tous les deux eſtant la meſme. Caluin ſçauoit tres-bien, ce que les Theologiens Catholiques (qu'il refute aux lieux citez par Ianſenius) ont enſeigné, du choix que la volonté peut faire par ſa liberté, pour donner ou pour refuſer ſon conſentement, tant à la Grace qu'à la Concupiſcence. Il ſçauoit auſſi qu'on ne dit jamais qu'vn homme ait le choix de deux choſes, quand l'vne luy eſt impoſſible au temps qu'il faut choiſir : & qu'il faudroit eſtre fou, ou ne ſçauoir pas parler, de dire par exemple à vn Preſtre à qui on preſente vne Cure, qu'il a le choix d'eſtre Curé ou d'eſtre Pape : & à vn ſoldat à qui on preſente vn Enſeigne, qu'il a le choix d'eſtre Enſeigne ou d'eſtre Conneſtable, ſi-non qu'on le fit pour ſe moquer de luy. Caluin donc ſçachant cela, & eſtant perſuadé que le ſentiment des Theologiens Catholiques donne le choix au libre arbitre du bien & du mal, & de conſentir ou de refuſer ſon conſentement, tant à la grace qu'à la concupiſcence, a erré contre la foy en le niant, mais il s'eſt expliqué conformément à la regle du langage.

Ianfenius au contraire , qui enfeigne que la Grace victorieufe met la bonne action que Dieu commande, au pouuoir de la volonté , & que la mefme Grace la rend libre ,
en telle forte que fans elle la volonté n'a, ni le pouuoir ni
la liberté neceffaire pour faire cette action : & qu'il en eft
de mefme de la concupifcence à l'égard de l'action mauuaife : Ianfenius, dis-je , qui fçait bien qu'il eft impoffible
que la Grace & la Concupifcence foient toutes deux victo-
rieufes en mefme temps, & à l'égard de la mefme perfonne :
Qui voit bien par confequent, que la volonté eftant fous la
Grace victorieufe, & n'ayant ni le pouuoir ni la liberté que
la Concupifcence donne pour luy refifter, ne peut regarder cette refiftance, que comme vne action qui ne luy eft
ni poffible ni libre : & au contraire qu'eftant fous la Concupifcence victorieufe, & manquant de tout ce qui doit venir de la Grace pareillement victorieufe, ne peut auoir aucun rapport à la bonne action, que comme à vne chofe qui
furpaffe & fon pouuoir & fa liberté, eu égard à l'eftat prefent ; quel choix veut-il que la volonté puiffe faire eftant
fous ces diuers mouuemens, que celuy qu'on voudroit faire de deux chofes, dont l'vne eft poffible & l'autre impoffible ? Qu'eft-ce donc que Caluin refufe à la volonté libre
pour faire ce choix , que Ianfenius luy accorde ? Et que luy
accorde Ianfenius, que Caluin luy refufe? Et dequoy peuuent-
ils contefter enfemble, que des differentes & contraires expreffions , où la juftice des Grammairiens & des Auteurs de
la langue Latine & Françoife fera toûjours pour Caluin ?

Les Ianfeniftes n'auancent rien, d'auoir recours à la diftinction de la poffibilité prochaine & éloignée. Caluin ne
l'a jamais niée : & je défie le fieur Arnaud, de pouuoir monftrer vne parole dans Caluin, qui fignifie , que lors que la
volonté eft emportée par le mouuement de la Grace qui
luy donne le pouuoir prochain de bien faire; elle n'a pas
vn pouuoir éloigné pour luy refifter , qui deuiendra pouuoir prochain par vn mouuement plus fort de la concupifcence. Ie le défie reciproquement de pouuoir monftrer,
que Ianfenius ait dit plus que cela, & par confequent je le

I ij

Dans la 3.
Diff. du Cas
proposé.

fomme de fa parole, quand il dit, *fi Ianfenius a fouftenu la Grace*
efficace au fens de Caluin , on auouë au P. Annat que Ianfenius
eft dans l'erreur. C'eft à quoy il faudroit refpondre, & où
l'hiftoire du Pape Honorius, & l'affaire des trois Chapitres,
& tout ce meflange de paffages confus, dont il a couftume de remplir fes liures, ne peut auoir aucun vfage, que
pour endormir le Lecteur , & pour diuertir fa penfée , de
peur qu'il n'aperçoiue le defordre des Ianfeniftes, & la peine où ils fe trouuent, quand on les preffe fur le fait de Ianfenius.   Il fe parlera encore de ce point en refpondant à
l'Apologifte , & le troifiéme paffage y fera éclaircy.

XLI.

Reflex.VII.

DE tout ce que deffus , le Lecteur voit ce qu'on peut
juger du difcours de l'Auteur des Reflexions, & de ce Syllogifme, par lequel il pretend juftifier le refus qu'il fait
de fuiure l'auis de M. d'Alet , & d'obeïr au commandement du Pape.   Voicy fon raifonnement.

„   On n'eft obligé de fe foûmettre interieurement à ce que
„ le Pape prononce fur vn point de fait, que quand le con-
„ traire ne nous paroift pas tout euident.

„   Or le contraire de ce que le Pape a prononcé par fa nou-
„ uelle Conftitution fur le fait de Ianfenius, paroift tout eui-
„ dent à ce Docteur & à fes amis. Ils ne font donc pas obligez
„ de reconnoiftre contre leur propre lumiere, ce que le Pape
„ a prononcé fur ce fait.

Ce Docteur cache ce que M. d'Alet a dit deuant & aprés
les paroles qu'il rapporte de fon Auis, pour faire croire qu'il
appuye fon raifonnement, qui font *Que l'Eglife nous oblige à*
nous foumettre à ce que le Pape a prononcé fur vn fait, lors que le
contraire ne paroift pas tout euident. D'où l'on ne peut inferer que l'Eglife ne nous oblige pas , lors que le contraire nous paroift euident, de quelque euidence que ce foit,
apparente ou reelle , volontaire ou neceffaire.   M. d'Alet
a témoigné le contraire, quand il a dit vn peu deuant, *Que*
dans les chofes conteftées entre Catholiques, telle qu'eft la queftion
prefente , comme il paroift par les difputes qui durent depuis fi
long-temps , nous deuons fuiure les lumieres des Decifions du

Souuerain Pontife, & il y comprend mefme la queftion de
fait. Et peu aprés il adjoufte contre la pretenduë euidence du Propofant & de fes amis, *Qu'y ayant eu diuerfité d'o-
pinions & de fentimens entre les Catholiques , il y a raifon de
croire* QVE LA CHOSE N'EST PAS ASSEZ CLAIRE POVR
NE LAISSER AVCVN DOVTE. D'où il faut conclure,
fuiuant l'auis de M. d'Alet, qu'il y a deux fortes d'euidence, vne apparente & fauffe, qui laiffe quelque doute,
& qu'on découure par la diuerfité d'opinions & de fentimens entre Catholiques : l'autre veritable & reelle, qui
ne fouffre point ces diuifions. En appliquant cette diftinction au Syllogifme du Docteur des Reflexions, dans lequel, dit-il, *il renferme en peu de paroles , tout ce qui touche la
premiere queftion , qui regarde l'obligation de croire*, en peu de
paroles auffi on reduit en fumée tout fon difcours.

XLII.

PAR mefme moyen on peut tirer de peine ce Difcou-
reur , qui cherche , & ne peut trouuer la maxime generale,
qui forme en nous le jugement affirmatif du fait qu'on attribuë à Ianfenius, *fi-non vne qui eft fi abfurde , & fi vifiblement fauffe , qu'elle ne fçauroit jamais entrer dans l'efprit d'aucun
homme raifonnable.* Et il eft vray que la maxime generale qu'il
forge eft tres-abfurde. Mais il en faut attribuer la faute, ou
à l'ignorance , ou à la mauuaife volonté de celuy qui la forge,
L'auis de M. d'Alet luy en fournit vne autre, qui entre dans
l'efprit de tout homme raifonnable , fi la paffion qui trouble la raifon ne luy ferme la porte. Voici la maxime generale & l'application qu'en fait **M. d'Alet**, qui forme en
nous vne creance interieure du fait de Ianfenius. Dans les «
chofes conteftées entre les Catholiques , nous deuons fui- «
ure les lumieres & les decifions du Souuerain Pontife, en- «
core que nous ayons efté jufqu'à prefent perfuadez du «
contraire : «

Or eft-il, que la prefente queftion eft de cette nature, «
comme il paroift par les difputes qui durent depuis fi long- «
temps: Donques &c. Tout cela eft de M. d'Alet, qui prouue «
la premiere propofition , *Parce qu'il appartient au Pape quand*

l'Eglife ne parle point en Corps , de prononcer & d'arrefter les efprits : Et auffi *parce qu'il eft certain que fon autorité doit preualoir à tous nos fentimens particuliers.* Et afin que quelqu'vn ne s'imagine pas que cela fe doiue entendre feulement de la decifion du droit ; M. d'Alet adjoufte, *Qu'il femble dangereux en cette rencontre,* de feparer le fait du droit. Ce difcours eft-il fi *abfurde & fi vifiblement faux,* qu'il ne puiffe entrer dans vn efprit raifonnable. En voicy vn autre qui le confirme.

„ Quand il y a diuerfité d'opinions & de fentimens entre
„ Catholiques, il y a raifon de croire que la chofe n'eft pas
„ affez claire pour ne laiffer aucun doute.

„ Or eft-il que dans l'affaire prefente, s'agiffant de fçauoir
„ fi les cinq Propofitions font tirées du liure de Ianfenius,
„ il y a diuerfité d'opinions & de fentimens entre les Catho-
„ liques.

„ Donques il y a raifon de croire, que dans l'affaire pre-
„ fente, où il s'agit de fçauoir fi les cinq Propofitions font ti-
„ rées du liure de Ianfenius , il y a raifon de croire que la
„ chofe n'eft pas affez claire pour ne laiffer aucun doute. Cela veut dire fuiuant l'Auis de M. d'Alet, que l'euidence
pretenduë contraire au Iugement du Pape, eft vne euidence volontaire , imaginaire , apparente , & fauffe. M.
d'Alet reprend fon argument, & dit ainfi :

„ Quand il y a raifon de croire dans la diuerfité d'opinions
„ & fentimens entre Catholiques, que la chofe n'eft pas fi
„ claire qu'elle ne laiffe aucun doute , il eft jufte de fe foû-
„ mettre à la decifion du Pape.

„ Or eft-il que dans la diuerfité d'opinions & fentimens
„ fur le fait attribué à Ianfenius , la chofe n'eft pas fi claire
„ qu'elle ne laiffe aucun doute.

„ Donques il eft jufte en ce rencontre, de fe foûmettre à
„ la decifion du Pape. Tout cela eft de M. d'Alet. Ie ne
fais que ranger fes propofitions fuiuant la forme que la
Dialectique prefcrit, pour les mettre dans leur jour & dans
leur force. Il adjoufte, *Qu'il y a apparence, que fi quelqu'vn refiftoit au Iugement du Pape, non feulement il l'offenferoit;* MAIS

XLIII.

VOILA dequoy contenter le Docteur des Reflexions,
qui témoignoit de l'empreſſement pour trouuer vne maxime generale, qui puſt former le jugement particulier
du fait de Ianſenius. Ie ne voy pas qu'il luy reſte autre
reſponſe à faire, ſinon que quoy qu'en puiſſe dire M. d'A-
let, il a vne euidence interieure, qui luy fait voir clairement que M. d'Alet s'eſt trompé dans ſon Auis, auec le
Pape, les Eueſques, les Docteurs, & tout le reſte de l'Egliſe:
Qu'il y voit plus clair que tous ceux qui le contrediſent: &
qu'il n'y a perſonne en tout le monde qui entende les cinq
Propoſitions, & le liure de Ianſenius ſi-bien que luy : Sa lumiere luy fait voir toute la terre couuerte de tenebres, à la
reſerue d'vn petit Enclos, où le Ianſeniſme eſt renfermé.
Il eſt queſtion d'vn fait, qui eſt preſent à tous ceux qui le
voudront voir. Chacun le peut regarder, le conſiderer,
l'examiner vingt & quatre fois le jour, s'il veut, c'eſt le liure
de Ianſenius, & cinq Propoſitions condamnées dans vne
Conſtitution du Pape. Chacun lit les caracteres de ces Eſcrits auec les yeux du corps : Chacun juge du ſens auec les
yeux de l'eſprit, à la faueur de la connoiſſance qu'il a du
langage : Chacun confronte, s'il le veut & s'il le ſçait faire, le ſens des Propoſitions, & le ſens des textes de Ianſenius, qui ont quelque rapport à la meſme matiere. Chacun s'y applique autant qu'il luy plaiſt. L'Egliſe Gallicane
eſt partagée, & le Docteur des Reflexions Chef du parti
ſans comparaiſon plus petit & moins conſiderable, & pour
le nombre & pour la qualité des perſonnes qui le compo-
ſent, perſuade à tous ceux qui en ſont, qu'il a vne euidence dans le fond de ſon cœur, qui captiue ſon entendement, & le contraint contre ſon inclination, de dire qu'il
y voit mieux, qu'il s'applique mieux, qu'il penetre mieux,
qu'il comprend mieux le ſens des cinq Propoſitions, & le
ſens des textes de Ianſenius, que tout le reſte du monde,
y comprenant non ſeulement la plus grande & la plus con-

fiderable partie de l'Eglife de France ; mais encore le **Pape,**
& tout le refte de l'Eglife Catholique, laquelle n'ignorant
pas les controuerfes qui troublent la France, n'a donné jufqu'à prefent, que des marques de foûmiffion à tout ce que
le Pape en a decidé. Où il eft à remarquer, que la Flandre, &
l'Vniuerfité de Louuain, qui eft le lieu natal de Ianfenius,
& du Ianfenifme : & qui par confequent auoit plus d'intereft
de le foûtenir, depuis la Conftitution du Pape Innocent X. a
témoigné tant de refpect, & pour le Pape, & pour les ordres
que le Roy Catholique y a enuoyez de quatre cens lieuës loin,
que depuis treize ans en çà, on n'a veû ni entendu autre chofe
que des fignes d'vn parfait aquiefcement. Tous leurs Prelats
& leurs Theologiens ont cedé aux François leurs droits &
leurs pretentions fur l'heritage de la doctrine de Ianfenius : &
il fe trouue des François qui ont recueilly cette fucceffion,
auec tant d'ardeur & d'emportement, que jufqu'à cette heu-
re, ni le Pape, par fes Brefs & fes Conftitutions, ni le Roy par
fa prefence, & par fes Declarations, n'ont pû jamais vaincre
leur refiftance, ni empefcher les troubles que caufent les Efcrits infinis de gens anonymes, qui n'ofent paroiftre que fous
des mafques. Tout cela fe fait pour fauuer l'honneur d'vn Auteur eftranger, qui a efcrit de propos deliberé pour decrediter
& les armes & les prerogatiues des Rois de France, & merité
par ces bons offices-là, d'eftre propofé pour vn Euefché par
les Efpagnols, pendant la guerre des deux Couronnes, &
d'eftre appellé de quelques François, *S. Euefque d'Ypres*, pendant la paix. Le Chef de ce parti eft conuaincu par fon
euidence, que cela va bien ainfi, & cette conuiction luy
fait affurer, que la mefme propofition efcrite dans la Bulle
du Pape, & dans le liure de Ianfenius a des fens fi differens, que dans la Bulle fon fens eft heretique : & dans le
liure il eft tres-Catholique, fans changer que de place,
& les paroles eftant les mefmes. Si cela fe peut dire fans
ébranfler la Decifion du droit, c'eft dequoy il ne fe met
pas beaucoup en peine.

REMAR-

REMARQVES SVR LA
quatriéme partie de l'Apologie des Filles reuoltées de Port-Royal.

I.

IE commence ces remarques par celle que l'Apologiste a faites sur ce que j'auois auancé au liure des Remedes contre les scrupules ; où il s'imagine que j'ay esté surpris en vne si grande ignorance qu'il *n'en y eut iamais de pareille.* Ie parle, dit-il, *comme vn resueur, qui debiteroit ses songes comme des veritez :* parce que je fais durer la vie & l'Episcopat de Theodoret, depuis le quatriéme Concile general, jusqu'au cinquiéme, c'est à dire plus de cent & deux ans, qui est à son auis & au mien aussi, *vne ignorance insupportable, à vn homme qui pretend gouuerner toute l'Eglise de France.* Ie ne dis rien de cette *pretention,* sinon que l'Apologiste en parle *comme vn resueur qui debiteroit ses songes comme des veritez.* Mais pour moderer la joye qu'il témoigne de cét auantage, je luy responds que s'il eust sceû construire les paroles du *Reuerend Pere,* comme il parle ; il eust reconnu qu'il n'y a que les ignorans qui puissent y trouuer de l'ignorance : & qu'à moins qu'estre fanfaron & auanturier, il ne se fust point engagé à faire cette censure.

I'ay prouué par l'induction de tous les Conciles generaux, depuis celuy de Nicée jusqu'à celuy de Trente, l'vsage continuel de l'Eglise, en condamnant les heresies, de faire connoistre & de condamner les Auteurs. Ie me suis serui de deux exemples du Concile de Calcedoine : Le premier est, Qu'il obligea Theodoret de condamner nommément Nestorius : Le second, Qu'il rejetta vn Formulaire, parce qu'il exprimoit bien la condamnation des heresies ; mais non pas des heresiarques Nestorius, Eutyches, & Dioscorus. De là j'ay passé au Cinquiéme en ces termes, *Le cinquiéme Concile general, sous le Pape Vigile, aura luy-mesme ex-*

4. *Part.ch.*
34. *pag.* 192

Remede à l'onz. scrup.

K

cedé en loüant l'excés du quatriéme. Et pour marquer ce pretendu excés du quatriéme, de peur qu'on ne prift ce que
j'auois rapporté immediatement deuant du Formulaire
d'Anatolius, duquel le cinquiéme Concile ne parle point,
pour le fait de Theodoret, j'ay retouché ce que le quatriéme auoit ordonné, & que le cinquiéme auoit loüé dans le
fait de Theodoret, qui eft, que le quatriéme auoit refufé
de confentir à fon reftabliffement en l'Euefché de Cyr, fi
prealablement il n'abjuroit la doctrine de Neftorius. De
forte que dans ces paroles, *le cinquiéme Concile aura luy-mefme excedé en loüant l'excés du quatriéme, puifque non content,*
&c. I'ay toûjours rapporté ces paroles, *puifque non content,*
au Quatriéme, qui precede immediatement, & non au Cinquiéme qui eft quelques lignes deuant. Et afin que perfonne ne s'y pût tromper: en la feconde edition *des Remedes contre les fcrupules,* qui a precedé long-temps deuant
la quatriéme partie de l'Apologie, au lieu de *puifque,* j'ay
mis *qui,* efcriuant ainfi, *aura excedé en loüant l'excés du quatriéme, qui non content,* &c. Il a pleu à l'Apologifte, fans
auoir égard à tout cela, de rapporter ce *puifque non content,* au cinquiéme Concile, au lieu du quatriéme, afin de
trouuer la plus grande de toutes les ignorances & *refueries*
qui furent jamais. Et pour y mieux reüffir, & couurir la
raifon pour laquelle j'auois reparlé de Theodoret, rappor-
tant ce que j'ay dit du quatriéme Concile, il faute auec vn
&c. le fait d'Anatolius, difant, *Il paffe au cinquiéme dont il
parle en cette maniere,* comme fi je ne parlois plus du quatriéme : & que je puffe n'en parler point , le fait du
cinquiéme eftant relatif au quatriéme. Pour honorer les
triomphes de ce Conquerant, je ferois d'auis qu'on luy
dreffaft vn trophée compofé des quenoüilles & des fu-
feaux des Filles defobeïffantes de Port-Royal, qui luy font
faire toutes ces extrauagances. Il dit que je prens les efcrits de Theodoret pour fa perfonne : & il refue en veillant.
Sont-ce les efcrits de Theodoret qui deuoient eftre reftablis
dans l'Euefché de Cyr, ou fa perfonne? Ie ne parle que ce
dequoy le cinquiéme Concile a parlé, en loüant le quatrié-

mie, du refus qu'il auoit fait de confentir au reftabliffement de Theodoret dans l'Euefché de Cyr. Ce Concile a-t-il pris les efcrits pour la perfonne ? Certainement qui auroit loifir d'examiner toutes les défaites dont l'Apologifte s'eft ferui, pour éluder le droit de l'Eglife, confirmé par vn vfage perpetuel, d'obliger les fidelles de condamner les here-fies auec les Auteurs & les liures qui les contiennent, à peine trouueroit-on vne page de fon Apologie fans quelque defaut confiderable, ou de connoiffance ou d'efprit, ou ce qui eft plus ordinaire, de confcience & de bonne foy.

II.

Il deuoit refpondre à la difficulté qu'on luy propofoit ; mais parce qu'il a veû qu'il ne le pouuoit faire, fans ruïner les maximes generales qu'il eftablit ; il s'eft amufé à compter combien d'années ont couru depuis le quatriéme Concile general jufqu'au cinquiéme, pour forger vn peché contre la Chronologie, qui ne fut jamais que dans fon imagination. Il deuoit dire, s'il n'eft pas vray, que le quatriéme Concile a obligé Theodoret de condamner vn fait non reuelé, qui eft l'erreur de Neftorius, contre l'vnité de la perfonne de IESVS CHRIST. Il deuoit expliquer par quelle autorité ce Concile l'auoit pû faire. Car fi ç'a efté par vne autorité infaillible, donques il y a dans l'Eglife vne autorité infaillible pour juger des faits non reuelez : Et fi c'eft par vne autorité faillible, donques l'infaillible n'eft pas neceffaire, pour obliger à la foufcription de femblables faits, fuiuant le fentiment du quatriéme Concile general, & le fentiment du cinquiéme, qui a approuué tout ce que le quatriéme auoit decidé fur ce fait.

De plus, il deuoit expliquer, fi le quatriéme Concile, en obligeant Theodoret de condamner la doctrine de Neftorius, l'auoit obligé à dire vn menfonge : Car cela eftant incroyable, donques Theodoret auoit efté obligé de croire interieurement, ce qu'il difoit exterieurement : Et parce que c'eftoit la creance d'vn fait non reuelé, qui ne peut eftre objet d'vne creance de foy diuine ; donques il faut admettre la diftinction de deux fortes de creance, aufquelles l'Eglife nous peut obliger, l'vne diuine, & l'autre ou humaine, ou Ecclefiaftique, ou de telle autre nom qu'il plaira à l'Apologifte luy donner. C'eft ce qui fe recueille euidemment de la doctrine de ces deux Conciles generaux : & c'eft ce qui ruine la maxime generale des Ianfeniftes, qui demandent vne autorité infaillible, pour obliger les enfans de l'Eglife à croire les faits qu'elle leur propofe. C'eft auffi ce qui ofte toute la pointe aux railleries des Ianfeniftes, & qui rend infipides & fades toutes leurs boufonneries fur le fujet des Mandemens qui font cette diftinction, puifqu'ils ne peuuent en cela fe moquer de perfonne fans fe moquer d'eux-mefmes.

D'où il s'enfuit que pour combatre l'obligation de la fignature, touchant le fait de Ianfenius, il faut chercher des raifons particulieres, autres que celles qu'on peut prendre du defaut de pouuoir & d'autorité de l'Eglife. L'Apologifte toûjours fourbe, euite ces veritez, parce qu'il voit bien que ce font pour luy des écueils, defquels il n'ofe s'approcher, crainte de faire naufrage.

III.

M A I s il a recours à fa forge, qui ne manque point de luy fournir le moyen, quand on découure vne fauffeté, de la foûtenir par vne autre. C'eft vn Maiftre des fentences admirable. Il en introduit fans aueu, fans raifon, & fans preuue : & que tout homme fage, qui prendra la peine de les penetrer, jugera facilement eftre tres-fauffes & tres-pernicieufes. Voicy la maxime qu'il eftablit, pour fe deffendre contre l'vfage de l'Eglife, & l'obligation de foufcrire la condamnation du fait de Ianfenius. *L'Eglife n'a droit d'exiger la foufcription des faits conteftez, que de ceux qui les contefteroient de mauuaife foy.* Mais parce qu'il a veû que tout le monde luy oppoferoit la pratique toute contraire; „ il s'explique difant; Qu'il ne s'enfuit pas de là, que jamais „ les Pafteurs n'ayent fait foufcrire les faits, qu'à ceux qui „ les conteftoient de mauuaife foy; mais feulement, ou qu'ils „ l'ont jugé ainfi, quoy que peut-eftre cela ne fuft pas: ou qu'ils „ ont abufé de leur pouuoir, n'eftant ni infaillibles ni impec‹

cables. Les Pasteurs qui en ont vsé autrement sont les Conciles generaux : & par consequent, c'est des Conciles generaux qu'il faut entendre ce qu'il adjouste, que lors qu'ils ont fait souscrire les faits à ceux qui ne les contestoient pas de mauuaise foy, c'est, ou parce qu'ils se sont trompez, ou parce qu'ils ont abusé de leur pouuoir, n'estant ni infaillibles ni impeccables. Il explique sa pensée par la distinction qu'on doit toûjours faire, entre la regle & l'application de la regle. Car la regle qui ordonne par exemple, qu'on n'excommunie personne, s'il n'est coupable d'vn peché mortel, est bien inuariable, & tres-certaine : mais l'erreur ou la malice de ceux qui l'appliquent, fait voir assez souuent, que ceux qui sont apparemment excommuniez, n'ont point commis de peché mortel. L'Apologiste veut que par mesme raison on croye, que la maxime qui oste à l'Eglise le pouuoir d'exiger la souscription des faits qui ne sont pas contestez de mauuaise foy, passe generalement pour tres-assurée, & tres-constante, quoy que dans l'application aux cas particuliers, l'erreur des Conciles qui n'ont pas connu la bonne foy de ceux qui contestoient les faits, ou qui n'ont pas eû assez de moderation & de force pour retenir la violence de leurs passions, ait esté cause qu'on a exigé la signature des faits, qui n'estoient contestez que de bonne foy. C'est donc ce qu'il faut respondre à tous les Conciles, qui ont ordonné qu'on dit anatheme nommément aux Auteurs des heresies qu'ils condamnoient, sans regarder, non seulement si ceux qu'ils obligeoient à cela contestoient le fait de mauuaise foy, mais non pas mesme s'ils le contestoient en aucune maniere.

Cela seul peut suffire pour persuader à quiconque a le moindre rayon de sens commun, s'il ne vaut pas mieux errer auec tous ces Conciles, que suiure le droit chemin de cét Apologiste, sans nom, sans approbation, & sans autre reputation que celle que luy donne la profession qu'il fait de soûtenir vne cause perduë & desesperée, qui fait passer dans l'esprit des plus desinteressez ses deffenseurs pour heretiques. Il seroit bon entendre Saint Gregoire le Grand,

K iij

qui regardoit les quatre premiers Conciles, comme les quatre Euangiles, fi quelqu'vn luy euft demandé, que doit-on
penfer d'vn Euangelifte de la nouuelle Eglife de Port-Royal,
qui foûtient que le Concile de Nicée n'a pas eu droit d'e-
xiger que perfonne dift anatheme à Arrius, qu'aprés auoir
connu qu'on conteftoit fon fait de mauuaife foy? Que le
Concile d'Ephefe & de Calcedoine, ne l'ont pas pû faire
non plus, & que c'eft ou par ignorance, ou par emportement & par violence, qu'ils ont obligé de dire anatheme à
Neftorius, à Diofcorus, & Eutyches, ceux dont ils n'a-
uoient pas examiné l'interieur, pour fçauoir s'ils nioient
ces faits, & s'ils les nioient de bonne ou de mauuaife
foy.

Mais pourquoy veut-il que le pouuoir de l'Eglife ne
puiffe pas faire pour le bien general de l'Eglife, ce que peut
faire, & que fait tous les jours la Iuftice feculiere, pour le
bien commun de la police, & du gouuernement des Eftats?
Quand on appelle des témoins, qu'on fçait auoir connoiffance certaine des auteurs d'vn excés public, & qu'on les
oblige par ferment de dire verité, & declarer ce qu'ils en
fçauent, s'informe-t-on s'ils le nient de mauuaife foy, &
refte-t-on de les obliger & de les faire jurer, quoy qu'on
foit affuré, & qu'ils fçauent ce qu'on leur demande, & qu'ils
le declarent de bonne foy? Pourquoy donc vn Concile ne
pourra-t-il pas obliger de dire anatheme à vn herefiarque,
celuy qui a connoiffance de fon herefie, & qui confent de
bonne foy à fa condamnation, afin qu'il contribuë par fon
témoignage au bien commun de la foy Catholique, & à
la connoiffance que doiuent auoir les Enfans de l'Eglife,
pour pouuoir faire le difcernement des brebis & des loups?
Pourquoy les mefmes Pafteurs de l'Eglife, afin de n'eftre
pas trompez au jugement qu'ils doiuent faire d'vn Theologien qui fe prefente, ou pour eftre employé, ou pour eftre
ordonné; ne pourront-ils pas l'obliger de declarer quel parti il tient, dans la prefomption raifonnable qu'on a qu'il y
en a vn de mauuais, auant toute autre perquifition de fa
bonne ou de fa mauuaife foy? Quelle extrauagance eft celle-

là, de s'imaginer que dans la crainte des surprises, la moindre sentinelle puisse demander Qui viue, à vn soldat qu'on ne connoist point, sans s'estre enquesté si c'est vn espion ou vn traistre : & que les Pasteurs de l'Eglise ne puissent pas demander à vn Docteur inconnu , qui viendroit de Geneue ou de Zurich , ce qui luy semble de Caluin , ou de Zuingle, & s'en assurer par vne signature, auant que s'estre informé de sa mauuaise foy.

IV.

Ce que dit l'Apologiste, Que les Pasteurs de l'Eglise ne peuuent donner la creance des faits douteux ; n'est-ce pas vne autre extrauagance, s'il prend la proposition generalement? Et si c'est vne proposition particuliere, qu'en peut-il conclure ? Dans l'inégalité des raisons qui font douter, le parti le plus considerable, faisant voir que le doute est volontaire & déraisonnable, l'Eglise ne peut pas obliger celuy qui doute, de deposer son doute, & de s'en fier à l'autorité de ses Directeurs? Il y a mesme des doutes, où ceux qui doutent y peuuent estre obligez d'eux-mesmes, & sans autre commandement, que celuy que leur conscience leur intime. Mais il faut mettre le cas dans l'hypothese des Filles de Port-Royal. L'Apologiste veut bien que nous soyons persuadez, que ces *saintes Filles* ont toûjours vescu dans vne grande ignorance du fait de Iansenius ; qu'elles n'ont jamais eu ni la curiosité de le lire, ni la capacité de l'entendre : Qu'elles n'en sçauent que ce qu'on leur en a dit. Et sur ce qu'on leur en a dit, elles doutent, s'il y a assez de raison de condamner sa doctrine, & de soûmettre leur jugement en aquiesçant à la condamnation qui en a esté faite par l'Eglise. On leur a bien dit que trois Papes consecutiuement ont condamné la doctrine de Iansenius, le Pape Vrbain en general, le Pape Innocent X. & le Pape Alexandre VII. en particulier, dans les cinq propositions ; on leur a dit Que plusieurs grandes Assemblées des Euesques de France ont receu cette condamnation, & jugé qu'il faloit y adherer de bonne foy. M. l'Archeuesque de Paris ayant le mesme sentiment, le leur a commandé comme estant leur

Superieur legitime, & ayant droit de direction sur leur interieur, & pouuoir de leur prescrire ce qu'il jugeroit estre necessaire pour leur salut : Le sieur Hardy a remarqué dans sa lettre, que presque tout le Clergé du premier Diocese de France, c'est à dire de celuy de Paris, composé de *tant de sçauans Ecclesiastiques, & de tant de Communautez sçauantes & éclairées*, a suiui le sentiment de M. de Paris ; Mais que sçait-on si tout cela est considerable, quand M. Arnaud parle, qui dit aucontraire, que la doctrine de Iansenius n'est pas condamnée, & que tous ceux qui la condamnent ou qui la croyent condamnée se trompent ? N'y a-t-il pas là vn grand embarras ? Et quel moyen de se determiner sur le choc de ces deux autoritez, de celle de trois Papes, des Euesques de France, des Superieurs & Directeurs legitimes de ces Filles, des Vniuersitez, & de presque tout le reste de l'Eglise d'vn costé : & de celle de M. Arnaud de l'autre ? C'est l'espece du doute des *saintes Filles* ; & la question est, de sçauoir laquelle des deux doit contrebalancer. En verité c'est vne question bien difficile : & la Morale qui tient qu'on peut suiure l'opinion la moins probable, leur fait grand besoin en ce rencontre. Car de vouloir persuader que Monsieur Arnaud est autant ou plus croyable que l'Eglise, c'est vne exageration poëtique : & nous ne sommes plus au temps, où l'on pust souffrir vne pensée approchante de celle qui faisoit dire autrefois, quand on parloit de la justice des armes de Cesar & de Pompée, que Iupiter, à la verité, jugeoit en faueur de Cesar ; mais que Caton jugeoit en faueur de Pompée. Il n'est point de Catholique qui ne blasme celuy qui voudra dire, qu'il est bien vray que l'Eglise est contraire à la resolution des Filles de Port-Royal, de ne point condamner Iansenius ; mais que M. Arnaud est d'auis qu'elles ne le peuuent pas faire sans offenser Dieu.

V.

Mais qu'est-ce que l'Apologiste donne à l'Eglise, quand il luy accorde qu'elle a droit d'exiger la signature des faits contestez, *de ceux qui les contesteroient de mauuaise foy ?* Quel

pourroit

pourroit eſtre l'vſage de ce droit, & quel moyen de vuider
la conteſtation, qui naiſtra ſoudain qu'on voudra s'informer
de la bonne ou mauuaiſe foy de celuy qui conteſte? Comment poutra-t-on agir dans le principe du ſieur Arnaud (s'il
eſt vray qu'il ſoit l'Auteur des Reflexions contre l'auis de
M. d'Alet) qui dit *Qu'vn chacun eſt le premier, ou pour mieux
dire, l'vnique Iuge de ce qui ſe paſſe dans ſon interieur?* Celuy
qui conteſte ſur le fait de Ianſenius, qui eſt exterieur & viſible, & qu'on luy peut monſtrer auec le doit, n'aura-t-il
pas plus de ſujet de conteſter, pour ſa bonne foy, que perſonne ne peut connoiſtre que par conjecture, & de rejetter
ceux qui l'accuſent d'eſtre mauuaiſe? Ie veux dire que le
diſcours de l'Apologiſte eſt dans vn deſordre prodigieux,
& que ſa conduite eſt toute renuerſée. Auant que connoiſtre ſi quelqu'vn conteſte de bonne ou de mauuaiſe foy contre ce qu'on exige de luy, il faut connoiſtre s'il conteſte ab-
ſolument, & auant que ſçauoir s'il conteſte, il faut ſçauoir
ſi on exige de luy quelque choſe qui luy donne ſujet de
conteſter. Et par conſequent, s'il y a quelque droit, & quelque pouuoir dans l'Egliſe, d'exiger l'acquieſcement à la
condamnation des faits : il faut qu'elle commence par l'o-
bligation qu'on impoſe indifferemment à ceux qui voudroient, ou ne voudroient point conteſter, laquelle eſtant
preſuppoſée, comme juſte & legitime, le refus de ceux qui
ne voudront pas obeïr, ſera vne marque qu'ils conteſtent
de mauuaiſe foy contre la juſtice de ce qu'on leur demande. Et par ainſi le commandement & l'obligation d'acquieſcer, & de témoigner cét acquieſcement par la ſignature, eſt commune à tous : & le ſoupçon raiſonnable de la
mauuaiſe foy, & la peine que cela merite, eſt particuliere
de celuy qui refuſe.

D'où il faut conclure, que l'Apologiſte imite vn Archi-
tecte ridicule, qui voudroit commencer le baſtiment d'v-
ne maiſon par le toit, quand il veut qu'on connoiſſe la mauuaiſe foy d'vn Theologien, auant de l'obliger à la ſignature de ce qu'il faut croire. Par meſme moyen on voit ce
qu'on doit dire de ce chetif Syllogiſme, dans lequel il a

L

voulu comprendre, tout ce qui se trouue plus amplement
estendu dans son discours. Il est composé de je ne sçay combien de termes ; mais aprés auoir dissimulé ces autres defauts, & l'auoir mis en bonne & deuë forme, le voicy.

„   Il n'est point d'exemple qui monstre que l'Eglise puisse
„ obliger de souscrire des faits contestez, que lors qu'elle
„ a supposé qu'on les contestoit de mauuaise foy : Or est-il
„ qu'elle ne peut pas supposer, que les Religieuses de Port-
„ Royal, & les autres Ecclesiastiques qui refusent la signatu-
„ re, contestent le fait de Iansenius de mauuaise foy : Don-
„ ques il n'est point d'exemples qui monstrêt que l'Eglise puis-
„ se obliger ces Religieuses, & ces autres Ecclesiastiques de
„ souscrire le fait de Iansenius.   Le Lecteur peut estre conuaincu de ce qui vient d'estre dit, que les antecedens de
ce Paralogisme sont euidemment faux ; & par consequent
que la conclusion n'en peut pas tirer aucune verité.   Ces
defauts sont ordinaires à l'Apologiste, lors qu'il tire les choses qu'il escrit du fond de son esprit: Mais le plus souuent
il les couure par vne tapisserie, qu'il compose des lambeaux
des Escrits des Peres, des Conciles, des Historiens, dont il
éblouït les yeux des Lecteurs, qui s'amusent à regarder ces
pieces, sans en examiner ni l'application ni la fidelité : &
font comme ceux qui ne sçauent juger d'vn tableau, que
par l'éclat de la draperie. Ie prens de luy ce qu'il accorde,
sans prejudice du surplus: & puisqu'il veut que l'Eglise ait
droit d'exiger les signatures touchant le fait de Iansenius,
de ceux qui le contesteroient de mauuaise foy. Ie monstre
qu'elle a droit de l'exiger de l'Apologiste, & de ses semblables,
par les preuues de la mauuaise foy dont ils vsent en les contes-
tant. Ie ne fais pas estat de les rapporter toutes, le liure seroit
trop grand, je ne produis que quelques-vnes de celles qui
par cas fortuit se rencontrent, dans l'occasion qui se presente de respondre à leurs objections, que j'adjoûte à celles
que le Lecteur peut auoir déja remarquées cy-dessus.

V I.

L'APOLOGISTE s'imagine qu'il a ruiné la pretention
de ceux qui ont voulu soûtenir l'inseparabilité du fait & du

droit, dans l'affaire dont eſt queſtion : & luy auec ſes Collegues ſe ſeruent de ce pretexte, pour faire croire qu'ils ſont tres-ſoûmis à l'Egliſe , quant à la deciſion du droit , en laquelle l'Egliſe ne peut pas errer : Que toute leur reſiſtence ne regarde que la queſtion de fait, où l'Egliſe n'eſt pas infaillible. Mais il trompe ceux qui le croyent. Car ſes paroles font voir euidemment, que c'eſt luy meſme qui vnit le fait & le droit, en rejettant l'vn & l'autre : & comme nous diſons que l'Egliſe en condamnant les hereſies a joint à ſa deciſion la condamnation des Auteurs ; l'Apologiſte reciproquement, pour juſtifier Ianſenius, en rejettant la deciſion du fait, ſe declare pour ſa doctrine contre la deciſion du droit qui la condamne, & rend par ce moyen ces deux queſtions inſeparables. Il parle comme d'vn homme perſuadé, *qu'vne perſonne,* c'eſt à dire Ianſenius, *n'a que des ſentimens Catholiques : ou qu'vn liure,* c'eſt à dire l'AVGVSTINVS , *eſt exempt d'erreur :* & dit , qu'*vn tel homme ne peut dire en conſcience, Ie deteſte les dogmes impies d'vn tel : ou j'anathematiſe le liure impie d'vn tel ;* dequoy je ne le blaſmerois pas, ſi ſa perſuaſion eſtoit innocente. Mais je conſidere, que ſe perſuader que Ianſenius n'a que des ſentimens Catholiques : & que ſon liure eſt exempt d'erreur, c'eſt enueloper neceſſairement, en rejettant l'autorité de l'Egliſe , la deciſion du droit à laquelle on fait ſemblant d'eſtre ſoûmis. Car je vous prie , quelle queſtion de droit peut-elle reſter : & quelle deciſion peut attendre celuy qui ne doute plus que la doctrine d'vn liure ne ſoit Catholique ? y a-t-il autre droit qu'il faille conſulter pour juger de la doctrine ? Le Pape diſant par relation aux cinq propoſitions, que la doctrine de Ianſenius eſt heretique , ils crient que c'eſt joindre le fait & le droit, en les rejettant tous deux : Et l'Apologiſte dit dans la meſme relation aux cinq propoſitions , que Ianſenius n'a que des ſentimens tres-Catholiques, n'eſt-ce pas auſſi joindre le fait & le droit, en les approuuant tous deux ? S'ils ſe contentoient de dire, Ianſenius n'a pas les propoſitions condamnées, on ne pourroit leur reprocher autre choſe , ſinon qu'ils n'ont pas bien cherché , ou qu'ils refuſent

4. Par.ch.6.

L ij

de confesser la verité : mais de dire qu'il n'a que des sentimens Catholiques, c'est juger le droit, & eriger vn trône
contre celuy que Dieu a establi, & qui condamne ce que
l'Apologiste approuue.

VII.

P.ar. 4.c.41.
p. 239.240.

La remarque que je vas faire pourroit estre mise au rang
de ses ignorances ; mais je la mets au rang de ses imposture-
res, qui sont inseparables de sa mauuaise foy. Pour pre-
parer le Lecteur à croire que je falsifie Iansenius, il vse de
,, ce preambule : Et pour monstrer en particulier ce que peut
,, l'aueuglement, causé par la haine & l'auersion qu'on a d'vn
,, Auteur : & de quelle forte il peut porter à corrompre sa do-
,, ctrine PAR DES FALSIFICATIONS HORRIBLES, en
,, voicy vn estrange exemple, qui nous apprendra aussi de quel-
,, le maniere on a trouué les propositions dans Iansenius. *Et
,, peu aprés.* Voicy donc ce que fait le Pere Annat, lors que
,, M. d'Ypre ne dit rien que de parfaitement orthodoxe, se-
,, lon tous les Theologiens, il falsifie ses paroles en les tra-
,, duisant en François, & substituë vne expression exposée à
,, la calomnie, dont M. d'Ypre ne s'est point serui, au lieu de
,, celle, dont il s'est serui, qui ne luy laisse aucun lieu de ca-
,, lomnier sa doctrine.

,, Tant que nous viuons, dit Iansenius, nous auons l'indif-
,, ference à vouloir le bien ou le mal. Mais non en la manie-
,, re que le pensent ces Scholastiques, dont nous auons par-
,, lé, (*c'est à dire, les Molinistes, dit l'Apologiste*) qui s'imagi-
,, nent, que de quelque delectation de Grace ou de peché que
,, nostre volonté soit remplie, il se peut toûjours faire (*remar-*
,, *quez ces termes, c'est encore vn auis de l'Apologiste*) qu'auec
,, l'vne ou l'autre de ces deux dispositions, elle veuïlle l'vn
,, ou l'autre, c'est à dire, le bien ou le mal, au moyen de cet-
,, te indifference naturelle de la volonté, qui se tourne par
,, sa liberté d'vn costé ou d'autre, quelque que puisse estre
,, la disposition qui precede son consentement.

L'Apologiste adjouste à ce texte de Iansenius, le Com-
,, mentaire suiuant. Il n'y a nul Theologien raisonnable, qui
,, ne soit obligé d'auouër, qu'il n'y a rien en cela que de tres-

orthodoxe, & qui ne foit reconnu pour indubitable partou- "
te l'Efcole de S. Thomas. Mais que fait le Pere Annat A v "
LIEV QVE M. D'IPRE NE REIETTE QVE LES MOLINISTES, "
qui difent qu'il fe peut faire que le libre arbitre veuïlle le "
bien ou le mal, en quelque difpofition de grace ou de cupidi- "
té qu'il foit, *cum vtrauis difpofitione poffe fieri vt vtrumlibet velit* "
fiue bonum fiue malum: Il change malicieufement ces paroles, "
pour l'oppofer aux Thomiftes, en fuppofant qu'il rejette ceux "
qui difent, que le libre arbitre peut fous chacune de ces dif- "
pofitions vouloir le bien ou le mal. Et de mefme à la fin, il "
change le mot d'acte, dont parle feulement M. d'Y pre en ce- "
luy de puiffance, dont il ne parle point. "

Me voilà donc mis pour exemple des horribles falfifications
que produit l'auerfion & lahaine que j'ay contre Ianfenius. Et
il en faut bien croire l'Apologifte. Car qui ne voit qu'il eft,
Dieu merci, exempt de toute haine & auerfion contre les Iefuites? Ceux qui entrent dans fon efprit par la porte que fes efcrits nous ouurent, le trouuent fans doute, clair comme le cri-
ftal, inacceffible aux nuages que ces noires paffions *de haine*
& d'auerfion ont couftume d'exciter dans les efprits qu'elles
poffedent.

Et bien donc, la premiere de ces *horribles falfifications,*
dont je fuis conuaincu, c'eft, dit-il, que j'ay pretendu par
ces mots, *fed non eo modo quo ifti Scholaftici putant* QVOS SVPRA
DIXIMVS, que Ianfenius *rejette les Thomiftes: au lieu* Q'VIL NE
REIETTE QVE LES MOLINISTES. L'Apologifte deuine
mes pretentions, fans les connoiftre : & là deffus il fonde *vne*
horrible falfification. Et moy, je luy foûtiens, qu'en voulant découurir vne *horrible falfification,* il en a commis vne, non pas à
la verité horrible, mais puerile. Car c'eft eftre enfant,
de s'imaginer qu'on falfifie les paroles d'vn Auteur, par des
penfées que quelqu'vn deuine, & qui ne font pas. Les paroles
d'vn Efcriuain ne peuuent eftre falfifiées que par d'autres
paroles. Où eft-ce que j'ay dit que Ianfenius par les paroles qui ont efté citées, ne comprend point les Moliniftes?
Où eft-ce que j'ay dit, qu'il ne comprend que les Tho-
miftes? Il cite le liure de la *Conduite de l'Eglife,* où il peut Pag. 139.

bien trouuer que j'oppofe Ianfenius aux Thomiftes, comme
je fais dans toutes les dix-huit conditions, que je propofe aux
Ianfeniftes, pour faire leur paix auec les Thomiftes ; mais
je ne fepare prefque jamais ceux qu'il appelle Moliniftes,
parce qu'ils font d'accord quafi toûjours auec les Thomiftes, és points qui font contraires à Ianfenius & aux Ianfeniftes. Ie dis donc à ce Prophete, qui deuine des penfées
qui ne font point, pour trouuer de la falfification aux paroles qui ne difent rien qui ne foit vray ; que Ianfenius au
lieu cité, comprend les Moliniftes & les Thomiftes, parce
qu'ils difent tous le mefme ; & adjoufte neantmoins, qu'il
defigne particulierement les Thomiftes, & que l'Apologifte ne le peut nier, fans commettre le crime qu'il reprend.

Ianfenius a difputé tant qu'il a pû contre l'indifference
du libre arbitre ; mais ne pouuant plus refifter à la neceffité de l'admettre, fur la fin de fon traité, c'eft à dire, au
penultiéme Chapitre, qui eft le vingtiéme du liure huitiéme, il confeffe qu'il faut accorder quelque indifference
pendant le cours de cette vie feulement, non pas toutefois,
dit-il, à la façon de ces Scholaftiques dont nous auons parlé cy-deffus, *Quos* SVPRA *diximus.* L'Apologifte, auec cette
fidelité qui le rend incapable de falfifications, a laiffé
dans fa traduction la particule *fuprà*, à caufe qu'elle marque ce qui a efté dit dans le mefme liure huitiéme, & ce
cy-deffus eft relatif au Chapitre quatriéme, où Ianfenius
explique la maniere auec laquelle les Thomiftes foûtien-
nent l'indifference du libre arbitre, fous la difpofition de
la Grace, ce qui fe voit dans ce qu'il adjoufte vn peu plus
bas dans la mefme colomne, où parlant de cette opinion
des Thomiftes, il dit *quòd quamuis ex iis quæ fuprà diximus
intelligi poteft, hîc tamen pro vtraque parte breuiter annotandum
eft.* Or c'eft au Chapitre quatriéme qu'il en a parlé, & au
cinquiéme qu'il a rejetté ce qu'il en auoit dit, affeurant que
jamais S. Auguftin ne s'eft ferui de cette maniere pour fe
deffendre contre ceux qui l'accufoient d'auoir détruit le
franc arbitre. *Quod profectò incredibile,* dit Ianfenius, *& im-*

Tom. 3.

poſsibile eſt, ſi verus eſſet & genuinus conciliandi modus. Et à la fin de ce meſme Chapitre vingtiéme, parlant derechef de l'opinion des Thomiſtes, qu'il auoit fait ſemblant d'approuuer, & de pouuoir deffendre la ſienne par la diſtinction *du ſens compoſé & diuiſé*, il auertit, que ce qu'il en a dit, il l'a dit tant en ce preſent Chapitre vingtiéme, que *cy-deſſus, ſecundùm aliorum ſententiam :* & marquant le lieu *cy-deſſus*, il a mis à la marge *ſuprà cap. 4. hoc libro.* Aprés cela dois-je pas demander à l'Apologiſte, qui eſt le fauſſaire de nous deux ? Et puiſque les falſifications ſont des effets de l'aueuglement eſtrange, que cauſe la haine & l'auerſion qu'on a conceuë contre vn Auteur, puis-je pas prier le Lecteur, de juger qui de nous deux eſt plus paſſionné, & moins charitable ?

VIII.

POVR mieux faire voir la mauuaiſe foy de l'Apologiſte : & qu'il n'y a rien *d'horrible* en ce qu'il reprend, que l'excés de ſa paſſion ; je prie le Lecteur de faire reflexion ſur le titre du Chapitre vingtiéme de Ianſenius, qui contient l'argument de ce qu'il y traite ; & le ſujet de noſtre diſpute. Il eſt conceû en ces termes : *Saint Auguſtin a reconnu ſous la Grace & auant la Grace, l'indifference de contrarieté & de contradiction,* EN QVELQVE SENS ; *mais il ne l'a point reconnuë comme ſi c'eſtoit la liberté ou partie de la liberté de l'arbitre.* Et dans le corps du Chapitre, aprés auoir expliqué l'opinion des Thomiſtes, il conclud, que ceux qui en voudront ſçauoir dauantage n'ont qu'à conſulter les Auteurs de la Predetermination Phyſique. *Car ils accordent ainſi l'indifference de contrarieté & celle de contradiction,* LAQVELLE ILS PRENNENT POVR LA LIBERTE' DE L'ARBITRE, *auec ladite Predetermination.* Quand Ianſenius dit, *en quelque ſens*, il monſtre déja, que ce n'eſt pas le ſens commun des Thomiſtes, non plus que des Moliniſtes ; & il le declare ouuertement, quand aprés auoir dit, que ſon Indifference n'eſt *ny la liberté de l'arbitre, ny partie de cette liberté,* il donne à connoiſtre que les Thomiſtes en jugent autrement : & qu'eſtant perſuadez, que l'Indifference eſt la meſme choſe que la liberté, ils penſent auoir accordé leur Prede-

Tom. 3. l. 8. Agnouit S. Auguſt. ſub gratia & ante gratiam, indifferentiam contrarietatis & contradictionis, quodã ſenſu, non tamen tanquam libertatem aut partem eius.

Sic enim illi indifferentiam contradictionis & contrarietatis, QVAM IPSI LIBERTATEM ARBITRII VOCANT cum illa Prædeterminatione conciliant. Ianſ. ibid.

termination auec la liberté de l'arbitre, l'ayant accordée auec l'indifference. Adjoustez à cela ce qui a esté déja rapporté, qu'il confesse, que ce qu'il a dit, & en ce Chapitre, & cy-dessus, où il a parlé de la liberté *ad vtrumque* sous la Predetermination physique, il l'a dit *secundùm aliorum sententiam*. Pouuoit-il mieux exprimer l'opposition de son opinion, & de celle des Thomistes, touchant la liberté *ad vtrumque*, qui est la mesme chose que l'indifference, qu'en disant qu'il n'est pas de mesme auis? Et aprés cela, quand Iansenius a dit qu'il n'admettoit pas l'Indifference à la façon des Scholastiques desquels il auoit parlé *cy-dessus*, il ne rejette que les Molinistes, desquels il n'a point parlé en ces lieux-là, & n'y comprend point les Thomistes, desquels il a parlé tres-expressément? Et le Pere Annat est coupable d'vne *horrible falsification*, parce qu'il a pretendu que Iansenius auoit designé les Thomistes, sans en exclure les Molinistes? Où est la bonne foy de l'Apologiste, s'il a lû Iansenius: & s'il ne l'a pas lû, où est encore sa bonne foy, d'accuser de crimes *horribles* sans les sçauoir.

IX.

MAIS pour faire voir le fond de la difficulté en peu de mots, l'Apologiste dit que Iansenius par ces paroles, *sed non eo modo quo isti Scholastici*, &c. rejette seulement ceux qui disent, *Qu'il se peut faire que le libre arbitre veuille le bien ou le mal en quelque disposition de Grace ou de Cupidité qu'il soit*, qui est le sentiment, à son auis, des Molinistes. Mais qu'il ne rejette point ceux qui disent, *Que le libre arbitre peut, sous chacune de ces deux dispositions, vouloir le bien ou le mal*, qui est le sentiment des Thomistes: & que c'est le falsifier *horriblement*, de dire qu'il rejette le sentiment de ceux-cy, ne rejettant que le sentiment de ceux-là. Il faut donc voir quelle est la difference de ces deux sentimens. Et pour le bien voir, il faut presupposer, que l'Indifference qu'on donne au libre arbitre, est vne indifference *Actiue*, du consentement de tous les Theologiens Catholiques, & expressément des Disciples de S. Thomas. C'est à dire, qu'on n'entend pas quand on dit que la volonté

libre

libre eſt indifferente au bien & au mal, qu'elle puiſſe ſeulement receuoir le bien ou le mal, ce qui eſt vne indifference paſſiue, mais on entend qu'elle le peut faire. Par conſequent, lors qu'on dit que la volonté libre, ſous la diſpoſition de la Grace qui eſt efficace, eſt indifferente au bien & au mal, il faut entendre, qu'elle peut faire l'vn ou l'autre. Ianſenius, dit l'Apologiſte, ne nie pas cela ; mais il nie ſeulement, qu'il ſe puiſſe faire ſous cette diſpoſition qu'elle faſſe le mal : Et au contraire, quand la volonté eſt ſous le mouuement de la concupiſcence plus fort que celuy de la Grace, Ianſenius ne niera pas qu'elle ne puiſſe faire le bien ; mais il niera que cela puiſſe arriuer effectiuement. Ioignons donc ce que Ianſenius accorde auec ce qu'il nie, & voicy ſon ſentiment ſuiuant l'Apologiſte. *La volonté ſe trouuant ſous le mouuement de la Grace, plus fort que celuy de la concupiſcence, peut faire le mal; mais il ne ſe peut pas faire qu'elle le faſſe, tandis qu'elle eſt ſous cette diſpoſition : La volonté ſe trouuant ſous le mouuement de la concupiſcence, plus fort que celuy de la grace, peut faire le bien ; mais il ne ſe peut pas faire demeurant ſous cette diſpoſition qu'elle le faſſe.* Par ce moyen il ſe trouue que Ianſenius, ſelon l'Apologiſte, a lû dans S. Auguſtin, que noſtre volonté, à la faueur de ſon indifference, peut faire le mal & le bien, lors meſme qu'il ne ſe peut pas faire, qu'elle faſſe ni l'vn ni l'autre. Et parce que *ce qui ne ſe peut pas faire*, n'eſt pas *poſsible;* il s'enſuit que la volonté peut faire le bien & le mal, lors meſme que ni l'vn ni l'autre n'eſt poſſible. Si *l'horreur* ſe pouuoit trouuer dans des occaſions innocentes de rire, pourroit-on pas dire, que l'Apologiſte en cherchant *d'horribles falſifications*, s'eſt rendu *horriblement* ridicule ?

L'exemple de la parois blanche ne ſert de rien à l'Apologiſte. Où a-t-il trouué que la parois blanche peut deuenir noire TANDIS QV'ELLE EST SOVS LA BLANCHEVR, comme on dit, que la volonté peut faire le mal tandis qu'elle eſt ſous la diſpoſition de la Grace ? Et que ſignifie autre choſe ce qu'on dit, que la parois blanche peut eſtre noire au *ſens diuiſé*, ſi ce n'eſt, qu'il y a quelque cauſe qui

M

peut faire que la noirceur ſuccede à la blancheur de la parois ? Ianſenius n'entend-il que cela, quand il dit que la
volonté qui eſt ſous la diſpoſition de la Grace victorieuſe,
peut faire le mal au ſens diuiſé ? Ne veut-il rien dire dauantage, ſinon que faire le mal peut ſucceder à la Grace victorieuſe dans la meſme volonté, comme la noirceur peut ſucceder à la blancheur de la parois ? Qu'aura donc fait la Grace victorieuſe auant cette ſucceſſion ? Et qu'eſt-ce que tout
cela voudra dire, ſinon qu'en l'eſtat de la vie preſente,
faire le mal peut ſucceder à faire le bien, & en contreſ-
change, que faire le bien peut ſucceder à faire le mal ?
Eſt-ce là l'indifference des Thomiſtes ? Et Caluin l'a-t-il
jamais niée ? Que veut donc dire Ianſenius, quand il dit qu'il
faut admettre l'indifference *contra hæreticos noſtri temporis*,
puiſqu'il n'y a aucun heretique qui nie celle qu'il admet ?

X.

Et c'eſt ce qu'il faut monſtrer à l'Apologiſte maintenant, ſçauoir, que Ianſenius, quand il parle du pouuoir
qu'a la volonté de faire le mal tandis qu'elle eſt ſous la diſpoſition de la Grace, & du pouuoir de faire le bien tandis qu'elle eſt ſous la diſpoſition de la concupiſcence, preſuppoſe du changement dans ces pouuoirs, afin que l'effet
puiſſe s'en enſuiure ; c'eſt à dire, qu'il preſuppoſe augmentation ou diminution de pouuoir d'vn coſté ou d'autre, ce
que Ianſenius appelle *mutationem in requiſitis ad agendum* : &
ne nie pas ſeulement *l'acte* ; mais encore la *poſſibilité de
l'acte*, ſi ce changement ou cette ſucceſſion de pouuoir à pouuoir ne ſuruient. Ie le monſtre ſans ſortir du Chapitre vingtiéme tant de fois cité, par les propres paroles de Ianſenius,
qui ſelon ſa couſtume, de faire dire, ou de gré ou de force, tout ce qu'il luy plaiſt à Saint Auguſtin, & à Proſper,
leur attribuë ſa penſée, touchant la volonté qui eſt ſous la

Hoc ergo modo
ſentit Auguſtinus,
& Proſper, ſub
gratia manere pec-
candi poteſtatem,
quia præter natu-
ralem flexibilita-
tem ad malum,

diſpoſition de la Grace victorieuſe : Et dit qu'elle a le pou-
voir de faire le mal, *parce qu'outre la flexibilité au mal, la
concupiſcence demeure toûjours, laquelle* PAR LES TENTA-
TIONS QV'ELLE EXCITE, PEVT CHANGER L'ESPRIT
DE L'HOMME. Où eſt donc ce changement, quand le pouuoir
de faire le mal, qui vient des tentations excitées par la

concupifcence, fe rend le plus fort ? N'eft-ce pas là euidemment vne augmentation de pouuoir du cofté du mal,
& vne diminution du cofté du bien ? Et cét accroiffement
de forces qui vient des tentations, donne-t-il autrement
l'acte qu'en donnant *la poffibilité*, & des forces plus grandes
que celles de la Grace ? Il dit le mefme de la volonté qui eft
fous l'empire de la concupifcence : Car il ne nie pas feulement qu'il fe puiffe faire qu'elle faffe le bien, les mouuemens
de l'efprit eftant plus foibles que ceux de la chair ; mais il
nie, qu'elle puiffe s'abftenir de faire le mal, difant que l'indifference, qui fignifioit le pouuoir de faire le bien ou le
mal en l'eftat d'innocence, eftant perduë, *la neceffité de*
faire le mal a fuccedé, jufqu'à ce qu'elle foit reftablie par la
grace, entendant toûjours la victorieufe. De forte qu'vne
volonté pouffée par des mouuemens de la Grace, plus foi
bles que ceux de la concupifcence, ne peut pas faire le
bien, fi le pouuoir qui a efté perdu par le peché du premier homme, n'eft reftabli par la Grace victorieufe. Et
qu'eft-ce autre chofe, finon qu'afin que la volonté ait le
pouuoir de faire le bien, il faut qu'vne Grace plus grande
que ces petites, qui ne font pas fuffifantes, au dire de Ianfenius, furuienne & prenne le deffus de la concupifcence ?
Et n'eft-ce pas vn changement neceffaire, non feulement
pour *agir effectiuement* ; mais encore pour pouuoir agir, &
mefme pour pouuoir s'abftenir de faire mal, puifque fans
ce fecours, *il y a neceffité de mal faire*, qui fignifie *impoffibi-*
lité de s'en abftenir. Il le confirme quand il adjoufte, que les
infidelles peuuent croire, peuuent aimer, peuuent faire le
bien, TANDIS QVE DVRANT CETTE VIE, LA GRACE DE DIEV
ET SA LVMIERE PEVT LEVR ESTRE COMMV-
NIQVE'E ; & il appelle cela pouuoir bien faire fous la difpofition de la concupifcence *au fens diuifé.* Mais n'eft-ce
pas la mefme chofe, que s'il difoit, que l'Infidelle peut croire, pourueu que la Grace de Dieu & fa lumiere luy foit
communiquée, comme elle le peut eftre pendant cette
vie ? Et la Grace de Dieu & fa lumiere, font-ce pas les
principes de la bonne action ? Que veut donc dire Ianfe-

manet etiam con-
cupifcentia, PER
CVIVS TENTA-
TIONES ANIMVS
MVTARI POTEST.
Ianf. 10. 3. *l.* 8. *c.*
20.

Auguftinus mor-
dicus defendit ta-
lem indifferentiã
contrarietatis effe
perditã, inductám-
que pro tali liber-
tate peccandi ne-
cefsitatem …. nifi
denuo per gratiam
inferatur. *Ianf. ib.*

Quam ob cauſam
recté dicuntur in-
fideles poffe cre-
dere, poffe diligere
poffe bene facere,
in SENSV fimiliter
DIVISO, non com-
pofito, QVAMDIV
IN HAC VITA CON-
STITVTIS, GRATIA
DEI ET ILLVMI-
NATIO EIS CON-
FERRI POTEST
Ianf. Tom. 3 *l.* 8.
20.

nius, quand il auouë que l'Infidelle peut croire *pourueu qu'il reçoiue la Grace & la lumiere du Ciel*, sinon que pendant cette vie il a vne capacité passiue, qui le rend susceptible du pouuoir qu'il n'a pas de faire le bien : mais qu'il receura, si c'est le bon plaisir de Dieu de le luy donner, comme il le donne souuent à ceux que bon luy semble. Tellement que Iansenius n'exclud pas seulement *l'acte*, comme veut l'Apologiste, de celuy qui se trouue sous la disposition de la concupiscence : mais encore il en exclud la *possibilité*, ou pour mieux dire, le pouuoir de faire l'action bonne ; ne luy laissant autre chose que la capacité passiue de receuoir ce pouuoir, à la venuë duquel se fera ce qu'il appelle changement dans les choses requises pour agir, *mutatio in requisitis ad agendum*, par l'accessoire d'vn pouuoir qui manquoit.

Le moyen dont les Thomistes s'estoient toûjours seruis, pour éuiter la necessité de ce changement, *in requisitis ad agendum*, estoit la persuasion d'vne *grace suffisante*, qui donnoit en l'absence mesme de la victorieuse, vn pouuoir *prochain, immediat, dégagé* de tout empeschement, de faire le bien que Dieu commande, ou de s'abstenir du mal qu'il deffend : mais tous ces mots-là font peur à Iansenius. *Il n'est rien*, dit-il, *qui soit si contraire à la doctrine de S. Augustin, que cette grace suffisante :* le pouuoir de s'abstenir du mal *est lié & empesché*, quand la concupiscence preuaut : ce n'est pas, à son auis, vn pouuoir *immediat ni prochain*.

Le pouuoir qui n'est pas suffisant pour vaincre celuy qui luy resiste, peut-il deuenir suffisant sans quelque augmentation de forces, ou quelque diminution de celles qui luy sont contraires ? Et n'est-ce pas toûjours vn changement de pouuoir ? Comment peut-on dire qu'vn pouuoir de mediat deuient immediat, d'éloigné deuient prochain, & au contraire, qu'vn pouuoir d'immediat deuient mediat, de prochain deuient éloigné, de suffisant insuffisant, sans addition ni diminution de pouuoir d'vn costé ni d'autre, c'est à dire, ni du costé de la Grace qui donne le pouuoir pour le bien, ni du costé de la concupiscence, qui le donne pour le mal ? Voilà ce que dit Iansenius, & cependant selon l'Apolo-

Nihil alienius ab Augustini doctrina dici potest. *Iansf. ibid.*

Non vt significemus adesse illam immediatam potestatem quam tribuit gratia. *Iansf. ibid.*

Non peccandi facultas impedita, ligatáque permanet. *Iansf. ibid.*

giſte, c'eſt falſifier Ianſenius de luy imputer ce changement.

Ce ſera donc le falſifier, de luy attribuer ce qu'il poſe pour fondement de ſa doctrine, ſçauoir, *que la delectation victorieuſe met l'action au pouuoir de la volonté,* ET QVE SANS ELLE L'ACTION N'EST NI LIBRE, NI EN NOSTRE POVVOIR. Car s'il eſt vray, que ſans la delectation victorieuſe de la Grace, la bonne action n'eſt pas en noſtre pouuoir; il eſt vray auſſi qu'elle n'y eſt pas ſous la concupiſcence victorieuſe : & cependant on voudra dire qu'au cas que la Grace croiſſe, ou que la concupiſcence diminuë, noſtre volonté paſſera du non-pouuoir au pouuoir : & la concupiſcence du pouuoir au non-pouuoir ſans aucun changement de pouuoir? *& que c'eſt horriblement falſifier Ianſenius,* que de l'entendre autrement? Et bien qu'on le die, pourueu que l'on die en ſuite, que dans la Philoſophie des Ianſeniſtes, vn ſujet peut paſſer de la priuation à la forme, & de la forme à la priuation ſans aucun changement.

XI.

DE tout ce que deſſus il s'enſuit clairement, que l'vſage que fait Ianſenius de la diſtinction du ſens compoſé, & du ſens diuiſé, eſt tres-different de celuy des Thomiſtes. Parce que les Thomiſtes parlant de la volonté, qui eſt ſous la diſpoſition de la Grace, lors qu'ils diſent qu'elle peut conſentir *au ſens compoſé,* & reſiſter *au ſens diuiſé,* ont toûjours entendu qu'elle peut d'vn pouuoir prochain immediat & ſuffiſant l'vn ou l'autre, par la liberté & par les ſeules forces qu'elle a en cét eſtat-là pour tous les deux. Mais Ianſenius l'entend autrement. Il veut bien que la volonté ſous la diſpoſition de la Grace puiſſe librement & d'vn pouuoir prochain, immediat & ſuffiſant conſentir. C'eſt ſon *ſens compoſé :* mais quand il dit, qu'elle peut reſiſter *au ſens diuiſé,* il entend qu'elle n'a point pour lors liberté de le faire, ni autre pouuoir que celuy qui attend que Dieu permette à la concupiſcence de s'éleuer, & *d'exciter des tentations* qui gagnent le deſſus de la Grace; & pour lors la volonté receura la liberté pour reſiſter qu'elle n'auoit pas, & ſon pouuoir qui eſtoit éloigné, mediat, &

Non reddi poteſtatem proximam benè operandi niſi per gratiam. *Ib.*

Aliquid omnino eſſe præter nudã facultatem voluntatis, quod eam facit velle vel nolle, quo omnino abſente fit impotens, præſente potens, ſiue ad bonum ſiue ad malum. *Ianſ. Tom.* 3. *l.* 7. *c.* 1. *vide ſeq.*

Per cujus tentationes animus mutari poteſt. *Ianſ. ſuprà.*

insuffisant, deuiendra prochain, immediat & suffisant.

Tout de mesme, quand les Thomistes disent que la volonté qui succombe aux tentations de la concupiscence, peut consentir *au sens composé*, & resister *au sens diuisé*, ils ont toûjours entendu, qu'elle a liberté pour l'vn & pour l'autre, & qu'elle peut immediatement, prochainement, & suffisamment, resister par les seules forces qu'elle a déja receuës. Iansenius au contraire, dit, que la volonté a bien tout cela pour consentir *au sens composé*; mais qu'en l'estat où elle se trouue pour lors, elle n'a point de liberté pour resister, ni autre pouuoir que celuy qui attend *l'illustration de la Grace*, laquelle donnera la liberté que la volonté n'auoit pas, & rendra son pouuoir prochain, immediat, & suffisant, &c. Tellement que pouuoir receuoir cette Grace, & se trouuer en vn estat où Dieu la peut donner, cela s'appelle chez Iansenius, pouuoir resister à la concupiscence *au sens diuisé*. Mais les Thomistes demandent justice contre ceux qui ont voulu expliquer de la sorte leur sens *composé & diuisé* : ils se plaignent que c'est vne calomnie, & declarent hautement, que c'est le sens de Caluin. En effet, vouloir soûtenir que Caluin n'a pas agreé ce sens-là, c'est vouloir dire, qu'il n'a pas reconnu qu'il y eust des vicissitudes en cette vie, & des dispositions contraires qui succedent l'vne à l'autre, pour faire tantost le bien tantost le mal. Iansenius mesme s'en est bien apperceu. C'est pourquoy aprés s'estre debatu dans le Chapitre vingtiéme du liure huitiéme, qui est le dernier des trois qui traitent du franc arbitre, sur l'vsage de la distinction des Thomistes, voyant bien que l'Indifference du franc arbitre qu'il auoit jugé necessaire de soûtenir, *contra hæreticos nostri temporis*; ne faisoit rien contre eux en la maniere qu'il l'avoit expliquée, il finit son traité par le Chapitre vingt-vn, où il fait tout ce qu'il peut pour trouuer de la difference entre sa doctrine & celle de Caluin, auec le succés qui a esté remarqué en la *Conduite de l'Eglise*, & auec le tacite aueu de son embarras, qui fait assez voir qu'il succombe à la difficulté.

Quamdiu in hac vita constitutis Gratia Dei & Illuminatio conferri potest. *Ians. suprà.*

Tom. 3. l. 8. c. 21.

3 Part.

XII.

MAIS d'où vient cette imagination à l'Apologiste , & quel caprice l'a-t-il saisi, de vouloir faire croire que c'est falsifier Iansenius, d'opposer sa doctrine à la doctrine des Thomistes, au sujet de l'Indifference du libre arbitre ? Si cela ne se peut faire sans vne *horrible falsification*, faut-il pas dire que les Iansenistes sont *d'horribles faussaires*, puis-qu'ils sont les premiers Auteurs de cette falsification ? L'Apologiste ne voit-il pas que toute cette difficulté se reduit à la question de la *Grace suffisante* , *& du pouuoir prochain* du libre arbitre, pour faire l'vn ou l'autre des deux contraires, ou des deux contradictoires ? Que si les sentimens de Iansenius & les leurs, sont en cela conformes aux sentimens des Thomistes, pourquoy donc quand le Cardinal Barberin pressoit S. Amour de se retrancher dans la doctrine des Thomistes, touchant la Grace suffisante, refusa-t-il de le faire, auec cette celebre responce qu'il a voulu escrire luy-mesme dans son Iournal , *Les Thomistes font leurs affaires, & nous les nostres.* Pourquoy donc en vne conference de quelques-vns de leurs notables, sur la proposition qui fut faite, de joindre leurs forces auec celles des Thomistes , pour faire vn parti redoutable contre les Molinistes, suiuirent-ils l'auis de celuy qui dit, (& ce fut, dit-on , le Pere Desmares) Que s'il estoit necessaire de prendre vn de ces deux partis, il y auoit sujet de douter, s'il ne vaudroit pas mieux se tourner du costé des Molinistes? Pourquoy donc lors qu'on examinoit en Sorbonne les propositions du sieur Arnaud , refusa-t-il de suiure le conseil du sieur de Sainte-Beuue , qui taschoit de luy persuader qu'il se mist à couuert sous la doctrine des Thomistes, ce qu'il refusa, pour ne pouuoir se resoudre à soûtenir leur Grace suffisante ? Pourquoy donc , quelque temps aprés , le mesme sieur Arnaud s'estant rauisé, & faisant semblant d'auoir trouué en lisant les liures des Thomistes, assez de conformité entre son opinion & la leur, sans excepter aucun d'eux, *nullo excepto*, fut-il obligé, nonobstant cette rodomontade, estant entré plus auant dans la question, de confeffer fon embarras : & de dire que Didacus Aluarez, qu'il auoit pris pour témoin de cette pretenduë conformité, ne parloit pas confequemment, ni ceux qui le fuiuent, qui font prefque tous les Thomiftes qui ont efcrit depuis foixante ans ? Pourquoy donc le pretendu Deffenfeur de la Conftitution du Pape Innocent X. pour s'expliquer plus clairement que le fieur Arnaud, a-t-il dit qu'Aluarez n'a-uoit pas pris la penfée de S. Thomas : & que ceux qui le fuiuent aujourd'huy *ne doiuent pas eftre appellez Thomiftes, mais Aluariftes ?* Et pourquoy donc voyant que les Thomiftes qui ont efcrit depuis foixante ans, c'eft à dire, ceux qui ont traité de toutes les conteftations qui regardent l'ope-ration de la Grace & du franc arbitre, plus amplement, plus exactement, & plus clairement, ayant examiné toutes les difficultez qui s'y rencontrent, & tafché de les éclair-cir, voyant, dis-je, que tous ceux-là prenoient des con-clufions irreconciliables auec celles de Ianfenius, ont-ils eû recours aux plus anciens, qui ont efcrit auant qu'on traitaft ces controuerfes, s'imaginant que s'ils ne pouuoient en eftre aidez, au moins n'en receuroient-ils pas grand dommage, en comparaifon de celuy qu'ils reçoiuent de ceux, qui ayant plus parlé de ces matieres, ont auffi plus parlé contre eux ? Pourquoy donc en faifant le dénombre-ment de ces anciens Thomiftes, & voyant que le nombre de ceux dont ils pouuoient tirer quelque fuffrage, eftoit fi petit, y ont mis des paffeuolans, & des Docteurs qui ne font pas Thomiftes ? Et pourquoy donc enfin le Secretaire du Port-Royal a-t-il efcrit tant de boufonneries dans les premieres lettres *au Prouincial,* pour fe jouër de la doctrine des Thomiftes, touchant la Grace fuffifante, & le pouuoir prochain ? Mais pour cetui-cy, il faut que je luy rende cet-te juftice, de publier ce qu'il dit hors de confeffion, à ce-luy qui l'affifta en la maladie, dont il mourut, *Que depuis enuiron deux ans, il s'eftoit retiré de ce parti, pour auoir reconnu que ces Theologiens alloient trop auant dans les matieres de la Grace, & n'auoient pas affez de foûmiffion & de refpect pour le S. Siege & pour l'Eglife.* Monfeigneur l'Archeuefque en a

la

la declaration efcrite & fignée de la main de ce Directeur,
& j'en ay vne copie fignée de la main de Monfeigneur
l'Archeuefque.

XIII.

LA raifon fondamentale de cette contrarieté de doctrine, entre les Thomiftes & les Ianfeniftes, vient de l'oppofition de leurs Chefs. C'eft à dire, de S. Thomas, & du
feu Abbé de S. Cyran, & Ianfenius, qui font deux teftes
qui n'en font qu'vne. On fçait que les Thomiftes font attachez à la doctrine de S. Thomas, & le doiuent eftre. On
fçait bien auffi, & on ne l'experimente que trop, que les
Difciples de Ianfenius & de l'Abbé de S. Cyran, fe font
anathemes pour la doctrine de leurs Maiftres. Ianfenius
aprés auoir reprefenté l'eftude des Scholaftiques comme la
plus fotte, & la plus impertinente occupation que puiffe
auoir vn bon efprit: aprés auoir diftingué la Theologie *Pofitiue* & la *Scholaftique*, comme deux facultez differentes, &
releué hautement la Pofitiue au deffus de la Scholaftique,
celle-là eftant, à fon auis, la veritable Theologie des Chre-
ftiens, qui s'attache vniquement à l'Efcriture Sainte, aux
Conciles, & aux Peres; il dit qu'il eft tres-difficile, ou pour
mieux dire, impoffible, qu'vne mefme perfonne puiffe ex-
celler en l'vne & en l'autre de ces deux fciences: & le prouue par l'exemple de S. Thomas, & du Cardinal Caietan,
qui ont efté au jugement de tous les Theologiens, deux
excellents Scholaftiques; & par confequent deux medio-
cres Theologiens.

Vous diriez qu'il a voulu reparer cette injure, quand il
a porté fon jugement fur la Somme de S. Thomas, difant
que S. Thomas en fa Somme, n'eft autre chofe que Saint
Auguftin attaché aux principes de la Philofophie naturelle. Mais cette reparation n'eft autre chofe qu'vn nouuel
outrage: Car outre qu'il veut qu'on entende cela des endroits de la Somme qui traitent de la Theologie, comme
s'il y en auoit qui traitaffent de la Medecine; il parle de la
Philofophie d'Ariftote, laquelle S. Thomas a illuftrée par
fes Commentaires, & à laquelle il a efté principalement

Hoc apud Scho-
lafticos plerofque
in confeffo eft, dif-
ficillimè aut nullo
modo fieri poffe, vt
qui in Scholaftica
Theologia præcel-
luerit; in pofitiua
quam vocāt, fimul
primas ferat: atque
hoc in S. Thoma
& Caietano de-
monftratum eft.
Quod quidem ab
iis non fine magna
ratione dicitur.
Ianf. l. Proœm. c. 9.

S. Thomæ fum-
ma vbi Theolo-
giam tradit, nihil
eft aliud nifi S. Au-
guftinus contra-
ctus, certâque ra-
tione naturalibus
principiis alliga-
tus. *Ianf. l. Proœm.
c. 22.*

Ariftotelica Phi-
lofophia, in Pra-

gio &Iuliano dam-
nata ,... hæresis Pe-
lagiana de gratia
& libero arbitrio,
non est aliud quàm
pura puta Aristot.
Philosophia. *Ianf.*
Præf. in l.6. Tom.3.

Ab omni spe pro-
fectus remotos esse
qui animo Philo-
fophiæ Aristote-
licæ, vel Scholasti-
cæ recentioris opi-
nionibus præoccu-
pato, pelagus istud
ingrefsi fuerint.
Ianf.l. proœm.c.28.

attaché, comme d'vne doctrine condamnée par l'Eglife, lors que l'Eglife a condamné la doctrine des Pelagiens. De forte que S. Thomas en fa Somme s'attachant aux princi-pes de la Philofophie condamnée, y a attaché auffi la do-ctrine de S. Auguftin, & par confequent S. Auguftin dans la Somme de S. Thomas, n'eft autre chofe, que la doctrine de S. Auguftin liée à des principes condamnez, & confufe pefle mefle auec les erreurs des Pelagiens & Semipela-giens.

Les paroles de l'Abbé de Saint Cyran n'ont pas befoin d'interpretation. Ceux qui ont depofé contre luy dans l'in-formation qui fut faite de fa doctrine, pour laquelle il auoit efté mis en prifon, viuent encore; & font dans toute l'efti-me qui peut eftre neceffaire, pour donner credit au témoi-gnage qu'ils ont rendu, difant qu'ils luy auoient oüy dire, que S. Thomas auoit ruïné la Theologie, & fans doute ç'a efté auffi vne des raifons qui luy ont fait méprifer le Con-cile de Trente. Pour auoir efté, difoit-il, vn Concile de Scholaftiques, à caufe que les Prelats & les Theologiens qui ont concouru aux decifions de ce Concile, fe conformoient à la doctrine des Scholaftiques, & principalement à celle de S. Thomas, en la maniere de conceuoir & d'examiner les queftions qu'on y propofoit. La lettre que M. l'Euef-que de S. Malo en efcriuit, eft vne preuue connainquante de ce mefpris du Concile de Trente, & des perfonnes de grande condition & tres-dignes de foy, s'en fouuiennent encore, & fouftiennent la verité de ce fentiment de l'Abbé de S. Cyran. C'eft pour acheuer de monftrer à l'Apologifte, que ce feroit veritablement falfifier Ianfenius, de luy faire dire qu'il eft de l'auis des Thomiftes, au point du franc ar-bitre, & de l'operation de la Grace : Ou bien que ce fe-roit dire, que les Thomiftes ont ceffé d'eftre Difciples de S. Thomas, pour deuenir Ianfeniftes. I'ay fait voir que Ianfenius nie l'vn, & les Thomiftes n'ont garde d'auouër l'autre. Et cecy peut feruir en paffant, pour juger fi la de-uotion de ceux qui ont peur, qu'en condamnant la do-ctrine de Ianfenius, on ne donne atteinte à celle de S. Thomas eſt raiſonnable : & s'ils n'auroient pas plus de ſujet de craindre qu'on ne ruïne la doctrine de S. Thomas, en approuuant celle de Ianſenius.

XIV.

TOVT ce que deſſus fait encore voir, auec combien de raiſon on a touſiours auerty ceux qui eſcoutent les Ianſeniſtes, de prendre garde à leurs diſcours, quand ils parlent de la Grace efficace. Ceux qui furent à Rome n'auoient autre choſe en bouche, que la Grace efficace par elle-meſme : Leurs eſcrits, leurs entretiens, les interpretations qu'ils donnoient aux cinq Propoſitions ſe reduiſoient toutes à la queſtion de la Grace efficace par elle-meſme : cét emplaſtre ſervoit pour couurir toutes leurs playes. Mais l'eſprit qui gouuerne l'Egliſe, & qui eſt plus penetrant qu'vn glaiue à deux tranchans, découurit leurs deſſeins : & diuiſa dans la maniere de ſoûtenir la Grace efficace, ce qui eſt de Caluin, & ce qui eſt des Catholiques, condamnant l'vn & laiſſant l'autre. Les Ianſeniſtes ont caché tant qu'ils ont pû cette diſtinction, & l'ont diſſimulée quoi qu'on la leur objectaſt, ſe couurant toûjours d'vne notion confuſe, & équiuoque, *de Grace efficace par elle-meſme*, ſans toucher les differentes manieres de la ſouſtenir. Mais enfin l'Apologiſte s'eſt auiſé de me faire vn crime *d'vne horrible falſification*, de ce que ie diſois, que Ianſenius ne la ſouſtenoit pas au ſens des Thomiſtes. I'ay fait voir la verité, & l'injuſtice de cette accuſation, & j'attends qu'il faſſe auouër à vn ſeul Thomiſte, que le *poteſt diſſentire ſi velit* du Concile de Trente, ne ſignifie autre choſe, ſinon que la volonté eſtant ſous la diſpoſition de la Grace efficace, il ſe peut faire, que Dieu permette à la concupiſcence, de faire prendre les armes à ſes tentations, & ſe mettant ſur la deffenſiue, de prendre le deſſus de la Grace. Quand il aura trouué vn Thomiſte qui ſe contente de cela : j'attends qu'il monſtre vn ſeul mot dans toutes les œuures de Caluin, ou vn ſeul Caluiniſte, dans toute ſa ſecte, qui le nie.

XV.

CELA ſert encore pour détromper les Lecteurs de l'Apologie, & de quelques autres écrits des Ianseniftes, quand ils lisent que le Pape Innocent X. mit à couuert leur doctrine, tesmoignant à leurs Deputez qu'il ne pretendoit pas toucher à la queftion de la Grace efficace. Car il est certain, que le Pape n'entendoit autre chose, sinon qu'il ne vouloit pas toucher à la queftion *de Auxiliis*, qui auoit donné tant de peine à Clement VIII. & qu'il pretendoit que les deux partis, qui auoient contefté pour lors, jouïffent de la liberté que leur auoit donné Paul V. de fuiure celle qu'il leur plairoit, des deux opinions contraires, aux conditions qui leur auoient efté impofées. Et comme ce n'eftoit point l'intention du Pape, elle ne l'eftoit pas non plus de ceux qui le follicitoient pour decider la queftion des cinq Propofitions. Ie demanday en ce temps la permiffion de faire imprimer deux liures, qui furent examinez par les Confulteurs deputez du S. Office : & comme j'eftois affeuré de l'intention du Pape, & des differentes manieres d'accorder la Grace auec la liberté de l'arbitre, je priay les Examinateurs de faire particuliere reflexion dans mes efcrits, pour voir fi en difputant, je touchois la controuerfe *de Auxiliis*, & d'en faire mention dans le jugement qu'ils en porteroient. On peut voir ce jugement au commencement du liure intitulé *Auguftinus à Baianis vindicatus*, & au commencement de celuy qui eft intitulé *De incoacta libertate*. Et les Examinateurs jugerent que j'eftois demeuré dans les bornes, & que je m'eftois abftenu de parler de l'ancienne controuerfe *de Auxiliis*. Comme donc ceux qui accufoient les cinq Propofitions, feparoient la doctrine des Thomiftes, & monftroient qu'elle eftoit feparable defdites propofitions, le Pape auffi fut perfuadé, qu'il pouuoit les feparer, & les condamner, en laiffant aux Thomiftes la liberté de foûtenir la difference des vns aux autres : & l'Apologifte a mauuaife grace de vouloir, que le Pape n'ayant pas voulu toucher à la queftion de la Grace efficace, à la maniere qu'elle eft entenduë par les Thomiftes, l'ait voulu épargner eftant expliquée à la maniere de Ianfenius, laquelle les Ianfeniftes ne monftreront jamais eftre conforme à celle de S.

Thomas, ni differente de celle de Caluin.

XVI.

A propos de Caluin , l’Apologiſte fait remarquer à ſon «
Lecteur, *mon peu de jugement*, On voit, dit-il, par là, auec «
combien peu de jugement le Pere Annat dit ſans ceſſe, «
qu’on eſt obligé de croire que Ianſenius a enſeigné des «
hereſies, comme on eſt obligé de le croire de Caluin. L’E- «
gliſe n’en a jamais fait de commandement.   Le Concile «
de Trente ne l’a pas ſeulement nommé. Il ne l’eſt pas «
non plus dans la Confeſſion de foy, qu’on fait faire aux here- «
tiques qui retournent à l’Egliſe. On ſe contente qu’ils em- «
braſſent tous les points de la doctrine Catholique qui eſt «
en diſpute : mais on ne les preſſe point d’attribuer à perſon- «
ne les erreurs contraires. Qui fait donc croire que Caluin «
les a enſeignées ? CE N’EST POINT L’AVTORITE' DE «
L’EGLISE ; MAIS LA SEVLE NOTORIETE'. ON LE «
CROIT PARCE QV’VN HOMME DE BON SENS, NE «
PEVT PAS NE LE PAS CROIRE. Peu s’en faut, qu’il «
ne permette à plus des deux tiers de ceux qui viuent dans
Paris, de croire que la doctrine qu’on enſeigne à Charenton eſt bonne : & qu’on la peut ſuiure auec aſſeurance.
Puiſqu’il ne ſe trouue aucune autorité, qui le leur deffen-
de. *La ſeule notorieté*, dit l’Apologiſte, les y peut obliger ;
mais combien y en a-t-il, qui n’ont point d’autre notorieté,
que pour l’auoir entendu dire à leur nourrice, & à d’autres
perſonnes qu’ils jugent eſtre dignes de foy ? Et qu’eſt - ce
qu’ils ont oüy dire, ſinon qu’on preſche à Charenton vne
doctrine contraire à celle de l’Egliſe Catholique ? Donques
toute cette notorieté, n’eſt d’autre choſe que de l’autorité &
du ſentiment de l’Egliſe, contraire à la doctrine de Charenton ? Et tout ce bon ſens, qui fait *qu’on ne peut pas ne le pas
croire*, ſur quoy eſt-il fondé, que ſur la connoiſſance qu’on a,
que l’Egliſe le juge ainſi ? Et cependant, dit l’Apologiſte,
ce n’eſt point l’autorité de l’Egliſe, mais la notorieté, laquelle
ne fait connoiſtre autre choſe que l’autorité & le ſentiment
de l’Egliſe, qui veut dire , que ce n’eſt point l’autorité de
l’Egliſe ; mais que c’eſt l’autorité de l’Egliſe, qui perſuade

4.Par.ch.38.p.217.

N iij

aux hommes de bon fens , que la doctrine de Charenton eft mauuaife. Eft-ce là le difcours d'vn homme , ou d'vn enfant, qui n'a pas encore atteint l'vfage de la raifon ? Voyez donc, cher Lecteur , fi l'Apologifte , en voulant faire voir le peu de jugement des autres, monftre qu'il en ait luy-mefme beaucoup. Et puifque pour eftre obligé de condamner la doctrine de Ianfenius , il ne manque que la *notorieté* du fentiment de l'Eglife : Voyez encore, Lecteur, fi l'Apologifte la peut deformais foûtenir , aprés vne fi grande notorieté de fa condamnation par l'Eglife ?

XVII.

4. *Part. c.* 4.
p. 230. 231.

L'Apologiste a voulu donner vn modele de l'interpretation qu'il faut donner aux cinq Propofitions dans la doctrine de Ianfenius : & aprés en auoir fait experience » fur la premiere propofition , il adjoufte, Qu'il n'y a point » de Theologien qui puiffe nier que ce fens ne foit orthodo- » xe. Et par confequent le fens de Ianfenius fur cette pre- » miere propofition eft orthodoxe : Et fi le Pape a dit le con- » traire, c'eft qu'il a efté mal informé par ceux , qui felon la » methode du Pere Annat , n'en ont jugé qu'en Grammai- » riens , en ne confiderant que les termes de la propofition » détachée, ce qui pouuoit fuffire pour la condamner en elle- » mefme, non pas pour l'attribuer à vn pieux & fçauant Euef- » que, qui exclud par la maniere dont il s'explique , tous les » mauuais fens qu'elle peut auoir , n'eftant confiderée qu'en » elle-mefme.

C'eft vne brauade de l'Apologifte, & vn deffy qu'il don- ne à tous les Theologiens. Ie luy refponds , qu'il n'y a point de Theologien Catholique , qui foit verfé dans la doctrine de Ianfenius , qui ne juge que l'Apologifte a diffimulé le fens de cét Auteur : & que l'interpretation qu'il luy donne n'eft autre chofe , qu'vn tiffu de fourberies, fi on a égard au fens de Ianfenius. On l'a déja fait voir , & à confide- rer les termes de la propofition liée à tout le corps de la doctrine de Ianfenius , l'Apologifte a deû dire que celuy- cy eft le fens de Ianfenius.

» Toutes les fois que les juftes pechent mortellement con-

tre quelque commandement que ce foit, difficile ou aifé, «
comme de ne vouloir pas mourir pour la foy, ou de ne vou- «
loir pas quiter le mirouër pour aller à la meffe, quand le «
temps paffe, & qu'on y eft obligé, ayant bien quelque vo- «
lonté de faire ce qui eft commandé ; mais cette volonté «
eftant fi lafche, qu'elle ne rend aucun combat à l'attaque «
de la moindre tentation; ils ne font pas en eftat, & n'y ont «
jamais efté depuis le peché d'Adam , ni jamais n'y feront «
jufqu'au dernier peché mortel qui precedera le Iugement «
general, où l'on puiffe dire, que ces commandemens qu'ils «
outrepaffent leur foient poffibles. On doit dire au contraire, «
qu'ils leur font impoffibles, par l'exclufion d'vn pouuoir fuffi- «
fant qui doit eftre principe de l'action qui leur eft comman- «
dée, d'vn pouuoir fans lequel ils n'ont point de liberté pour «
faire cette action , d'vn pouuoir qu'ils ne peuuent auoir fi «
Dieu ne le leur donne: & qu'il leur refufe, & nonobftant «
ce refus, Dieu commande à ces fiens enfans , de faire l'a- «
ction qu'il ne veut pas mettre en leur pouuoir, fur peine de «
damnation, & les damne effectiuement pour ne l'auoir pas «
faite. «

Ie dis que c'eft le fens de la premiere propofition, fi on
l'explique conformément aux principes de Ianfenius, ce
que l'Apologifte a diffimulé dans l'expreffion qu'il en a faite, par vn enchaifnement de fourberies. Ce n'eft pas que
tout ce qu'il en a dit puiffe exempter la propofition de la
cenfure que l'Eglife en a faite : Il a laiffé affez dequoy la
faire condamner; mais je pretends de faire voir, que le plus
mauuais confeil que les Ianfeniftes puffent prendre, ç'a efté
de faire inftance qu'on n'euft pas égard au fens des propofitions feparées; mais qu'on confideraft le fens qu'elles ont
dans Ianfenius, auec tous leurs rapports aux principes de fa
Theologie. Parce que tout ce qu'ils gagnent à prendre ce
parti-là, c'eft de faire voir, que les cinq propofitions font
plus damnables dans le fens que Ianfenius leur donne, que
dans celuy qu'on peut leur donner eftant feparées.

Et j'adjoufte, qu'il n'y eut jamais rien de plus jufte, que
de traitter d'impie ce fens-là, parce qu'il eft euident, qu'il

traitte Dieu de tyran, de cruel, & de dénaturé, si les Iansenistes ne prennent parti dans les troupes de Caluin, &
ne confessent, que le peché originel & les actuels, ne s'ef-
facent, ni par le Baptesme, ni par la Penitence, quoy qu'en
puisse dire le Concile de Trente : Que l'imputation de la
Iustice de IESVS CHRIST ne les couure qu'és seuls pre-
destinez; & que tous les autres n'estans ni justes, ni veritablement enfans de Dieu; mais demeurans toûjours enfans
d'ire, Dieu a droit de les traitter comme pecheurs. Si
l'Apologiste se resoût de se declarer, & faire profession de
suiure les Theologiens de Charenton, il ne sera pas pour
cela plus heretique, & sera moins fourbe. Sans cela, si
quelque chose peut faire croire qu'vn Euesque qui a escrit
en vn tel sens, *est pieux & sçauant*, c'est de sçauoir qu'il a eu assez de connoissance du pouuoir qu'a l'Eglise, pour obliger ses
enfans de soûmettre leurs sentimens à ses decisions, & assez
d'humilité pour se conformer à cette connoissance. C'est
la plainte que nous auons à faire des Disciples de cét Euesque, de ce qu'ils renoncent à leur Maistre, en la seule chose en laquelle ils pouuoient faire gloire de suiure sa doctrine, & d'imiter sa pieté.

XVIII.

4. Par. c.39.
p. 120. 221.

IE ne puis pas dissimuler vne autre fourberie de l'Apologiste, si toutefois ce nom peut suffire pour exprimer sa mauuaise foy. C'est vne falsification que je n'appelle pas comme luy, *horrible :* mais je ne sçay si on se peut passer de l'ap-
peller *impudente*, à cause du peu de honte qu'a eu cét Escri-
uain d'estre conuaincu & surpris, comme l'on dit, *in flagran-
ti*. Il a voulu faire vne tirade, pour monstrer que je n'auois
pas executé ce que j'auois proposé dans le liure *Cauilli Ian-
senianorum*, de faire voir que les cinq propositions estoient
» dans Iansenius. On a, dit-il, pressé plusieurs fois le Reue-
» rend Pere, de faire voir ces cinq propositions dans le liure
» de M. d'Ypre, puisque d'autres ne les ayant pû trouuer, il
» faloit qu'il eust vn secret pour exposer aux yeux des Le-
» cteurs de Iansenius, ces propositions fugitiues, &c. Auant
qu'il se parlast des cinq propositions, je n'auois jamais manqué

qué difputant contre Ianfenius, de produire les textes formels qui faifoient le fujet de noftre difpute. Depuis que
la queftion fut reduite aux cinq propofitions, j'ay toûjours
produit les lieux & les textes, où les Ianfeniftes mefme ont
efcrit qu'on les pouuoit trouuer. L'Information Latine, le
liure déja nommé, intitulé *Cauilli*, vn placard Latin & François, imprimé au commencement de l'an 1654. la Refponfe à la plainte que font les Ianfeniftes, de ce qu'on les
appelle heretiques, la Conduite de l'Eglife, le Remede contre les fcrupules, font voir que j'ay toûjours empefché ces
propofitions fugitiues de s'enfuyr : & que je les ay affez bien
attachées, pour affurer ceux qui ont peur qu'elles n'échap-
pent : & pour rendre inutiles tous les foins que les Ianfeniftes prennent de les faire fauuer. Mais l'Apologifte ne
voulant point fçauoir tout ce qui s'eft paffé là deffus, faute de quelque fujet plus propre, pour exercer fon eloquen-
ce, a renouuellé vne objection aneantie depuis long-temps :
& pour y mieux reüffir, il a voulu rapporter le paffage qui
monftre mon engagement. Voicy comme il eft dans le li-
ure intitulé *Cauilli*, *Propofitiones damnatæ conftant verbis &*   *Cap 5.?.39.*
fignificatione. Si verba fpectemus, funt propofitiones indiuiduæ ac
fingulares, totidem verbis apud Ianfenium contentæ. ET DE
PRIMA QVIDEM IPSIMET FATENTVR, DE CÆTE-
RIS, MONSTRATVM EST CAP. I. *Ac proinde fi qua eft ex hoc*
capite ambiguitas, Ianfenium accufent.

Il a plû à l'Apologifte de faire trois parts de ce paffage :
de fupprimer celle du milieu, qui pouuoit feruir de refponfe à ce qu'il objecte, *Et de prima quidem ipfimet fatentur, de*
cæteris monftratum eft capite I. & d'approcher les autres deux,
faifant fuiure immediatement le mot *ac proinde* aprés le mot
contentæ, comme fi rien n'y manquoit, afin que le Lecteur
n'en puft rien connoiftre, ni s'imaginer que l'Apologifte
euft corrompu le paffage. Puifque je renuoyois le Lecteur
au Chapitre premier, il deuoit y auoir recours : Et il euft
trouué l'explication du *totidem verbis apud Ianfenium conten-*
tæ, dans ces paroles, *Ex his conftat quinque propofitiones,*   *Ib.c.1.p.10.*
vel ipfiffimas effe Ianfenii, VEL IANSENIANIS ADEO GER-

O

MANAS, *vt impossibile sit de vnis quidquam pronuntiare, quod aliis eodem prorsus modo non conueniat.* Mais parce que s'il euſt eu égard à cela, il n'euſt pas eu ſujet de faire vne inueĉtiue, qu'il auoit premeditée, il a crû que peu de gens ſe mettroient en peine d'examiner ſa fidelité : que peut-eſtre on ne luy feroit point de reſponſe : & qu'en tout cas, le maſque d'vn Eſcriuain Anonyme l'empeſcheroit de rougir.

XIX.

COMME les Ianſeniſtes taſchent d'amuſer les Docteurs Catholiques, ſur la queſtion du fait de Ianſenius, pour euiter le danger ineuitable de confeſſer leur condamnation ſur la queſtion du droit ; I'auois dit en paſſant à la fin du Chapitre cinquiéme de la Conduite de l'Egliſe, qu'aprés l'aueu qu'ils font de la premiere propoſition, confeſſant qu'elle eſt de Ianſenius, nous ne pouuions plus conteſter que ſur le droit. I'auois expliqué de propos deliberé ma penſée, au liure *des Scrupules*. L'Apologiſte qui ruſe toûjours, & qui ne manque jamais de prendre des détours, quand le droit chemin luy fait peur, traite tout cela de *reſucries* & de *paradoxes*, par leſquels on deffend vne mauuaiſe cauſe. Si le Lecteur a les liures, & qu'il prenne la peine de conferer ce qu'il dit, auec les trois reſponſes qu'il cite du liure *des Scrupules*, il trouuera que ces trois citations ſont trois impoſtures, & entendra que ce que j'ay dit dans la Conduite de l'Egliſe, & que j'ay expliqué dans leſdites reſponſes, eſt hors de priſe.

Il veut faire croire, que je pretends que nous ſoyons d'accord des paroles de Ianſenius, comme en effet nous le ſommes au ſujet de la premiere propoſition, mais non de la ſignification, à prendre les paroles ſelon l'vſage commun de ceux qui ſçauent la langue. Or eſt-il, que je n'ay jamais ſeparé les paroles de leur propre & naturelle ſignification ; ni pretendu qu'il y euſt autre diſpute ſur cette ſignification, que pour ſçauoir ſi elle doit eſtre approuuée ou non, ſi elle eſt vraye ou fauſſe, Catholique ou heretique, comme je l'ay expliqué tres - diſtinĉtement dans les lieux que l'Apo-

logifte cite, & où il ne fçauroit trouuer autre chofe, que
la conuiction de fon impofture.

Mais pour le tirer de peine, & pour abreger noftre different, tafchons de le contenter, & donnons-luy ce qu'il
demande. Il veut prouuer que parmi les Peres, il y a eu
des fentimens bien differens fur les mefmes paroles. Cela
eft vray, parce que l'Euangile ayant fait connoiftre des chofes qui auoient efté jufqu'àlors inconnuës à toute la Theologie Egyptienne & Caldeene, & à toute la Philofophie des
Grecs & des Latins ; il falut inuenter des mots nouueaux,
pour les fubftituer à la connoiffance des objets nouueaux :
& eftendre la fignification de ceux qui auoient efté déja
inuentez, afin d'exprimer les chofes que la foy Chreftienne
obligeoit de croire, les expreffions de Trifmegifte, de Py-
thagore, de Platon, & d'Ariftote, n'y pouuant pas atteindre.
Il aduint donc, qu'auant qu'on euft eftabli vn vfage conftant des termes dont il fe faloit feruir, la peur que les Peres auoient de faillir en la foy, & de donner quelque auantage aux heretiques qui la combatoient, fut caufe que parfois ils fe foupçonnoient les vns les autres, touchant la maniere de s'exprimer. Mais les Conciles & les Papes, & le
commun confentement des mefmes Peres, aprés s'eftre mieux
informez des penfées les vns des autres, ont ofté cette difficulté, en eftabliffant le fens & l'vfage dont on eftoit en
different. Tellement qu'à prefent on n'eft plus en peine de
fçauoir, fi les Catholiques doiuent dire qu'il y a vne ou plufieurs hypoftafes au myftere de la Sainte Trinité, s'il y a vne
ou plufieurs effences, s'il y a plufieurs fubftances, fi le Pere eft caufe du Fils, fi le Pere & le Fils font caufe du S.
Efprit, & s'ils font deux principes ou vn feulement, & ainfi du refte. Mais de-là que s'enfuit-il, finon que fi maintenant quelqu'vn vouloit dire qu'il n'y a qu'vne hypoftafe en
la Sainte Trinité, & qu'il y a trois effences, Qu'il n'y a
point de difference entre, eftre principe, & eftre caufe de
la generation du Verbe, & de la Proceffion du S. Efprit,
quelque fens qu'il puft pretendre, il feroit obligé par les
cenfures de l'Eglife de reformer fa Grammaire, & fon Di-

𝙉ionaire , pour fe conformer à la Grammaire & au Di-
𝙉ionaire de l'Eglife : & de n'vfer point d'autre langage que
celuy de fa Mere , comme on eft obligé de n'auoir point
d'autres fentimens. Tout cela fe fait par la connoiffance
des Langues, & ne fe peut faire autrement. C'eft ce que j'ay
pretendu par *cette clef de la Grammaire* , dont j'ay fait mention
dans le liure *des Remedes contre les fcrupules*, ayant pris occafion
de me feruir de l'allegorie dont s'eftoient feruis ceux à qui
je refpondois, qui m'oppofoient la *clef de la fcience* , propre
des Euefques. L'Apologifte femble fe vouloir diuertir en
tournant cette clef; mais il n'a qu'à nous declarer , fi la connoiffance des Langues, & la faculté qu'elle donne d'interpreter & d'expliquer ce qui fe lit , ou qui s'entend , doit
eftre compris fous le nom de la Grammaire. Car s'il opiniaftre , qu'elle appartient pluftoft à l'Aftrologie ou à la Geo-
metrie, je ne veux point contefter auec luy , fur vne queftion
fi difficile. Tant-y- a que bien loin de dire ce que l'Apologifte
veut que j'aye dit , Que c'eft vne queftion de droit, fçauoir
quelle eft la fignification d'vne propofition , quand on eft
d'accord des paroles qui la compofent ; j'ay dit au contraire , que ceux qui demandent au Pape qu'il leur explique le
fens de Ianfenius qu'il a condamné, auront la refponfe qu'ils
meritent, fi le Pape leur refpond, s'ils ont la connoiffance
de la langue en laquelle Ianfenius a efcrit, qu'ils s'en feruent pour trouuer fon fens : & s'ils ne l'ont pas, qu'ils l'ap-
prennent , ou qu'ils confultent ceux qui la fçauent mieux
qu'eux , la queftion du fait prealable à celle du droit,
ayant toûjours compris dans ma penfée , la veritable , & la
propre & naturelle fignification des paroles dont on difpute.

I'auois dit quelque chofe d'approchant à Saint-Amour,
lors qu'il m'accofta dans l'Antichambre du Pape, & me parla des diuers fens que peuuent auoir les propofitions, comme il le raconte luy-mefme en fon Iournal : je l'auois exprimé dans le liure intitulé *Cauilli Ianfenianorum*, où parlant
du fens duquel il faut porter jugement, j'auois dit que c'eft
le fens *propre*, oppofé au fens *eftranger :* le fens naturel & legitime , *Quem propofitiones habent nullâ vi verbis illatâ, fed ex*

ipsa vocum institutione, & communi atque vsitata inter homines acceptione. Ie l'auois redit au mesme lieu, où j'establis pour principe, Que quand l'Eglise condamne quelque proposi-tion, elle la condamne *juxta propriam & vsitatam quam com-muniter habet significationem:* Qu'elle ne la condamne pas en vn sens estranger, qui ne conuient point aux paroles, *sed in sensu proprio atque germano juxta communem hominum acceptio-nem.* Suiuant cette maxime, j'ay dit dans le liure des Re-medes contre les scrupules, qu'on n'a pas besoin, ni de la clef de la science qui est propre aux Euesques, ni d'aller au Pape pour sçauoir quel est le sens de Iansenius qu'il a condamné, parce que presupposé que Iansenius ait eu in-tention de se faire entendre, & qu'il ait pû & sceû ex-pliquer sa conception, par la voye d'vn langage commun aux Docteurs de sa profession, la seule connoissance de ce langage suffit, pour sçauoir quelles ont esté ses pensées.

XX.

L'APOLOGISTE ne sçait que dire, si ce n'est que ce sont des *resueries insupportables, qui ne peuuent entrer dans l'esprit d'vn homme sage, des absurditez, des illusions, des impietez,* &c. Mais il a beau faire, je ne prens point le change, & toutes ces injures ne me feront pas lascher prise. Il faut que je dise vn mot de ses Regles. Car aprés auoir fait le Mai-stre des Sentences, il s'érige en Legislateur. Il establit cinq Regles pour trouuer le sens d'vn Auteur, que ni Iansenius, ni luy, ni les autres Iansenistes n'ont jamais obseruées. Il faut, dit-il, regarder *la langue particuliere de chaque* Auteur, & pour sçauoir celle de Iansenius, *consulter son Dictionaire.* Il faut distinguer *la langue de science, & la langue vulgaire,* à quoy les Molinistes manquent, se *seruant des notions popu-laires, quoy que tres-fausses.* Il ne faut pas confondre *la lan-gue d'vn temps, auec la langue d'vn autre temps:* & il adjouste, que Iansenius, qui n'a entrepris de proposer que la doctri-ne de S. Augustin, n'a deu parler que le langage de Saint Augustin : Que les Thomistes n'ont pas osé tenir ce langa-ge, quoy qu'ils ayent retenu le mesme sens. Il ne faut pas, dit-il, considerer vne proposition détachée ; mais *il faut exa-*

4. Part. c. 40. 41.

miner ce qui la precede & qui la suit : & le P. Amelote s'est
trompé en cela au sujet de la quatriéme proposition. Enfin
pour trouuer le sens d'vne proposition, l'Apologiste deffend
d'auoir l'esprit *preuenu ou preoccupé d'aucune passion violente,*
ni d'amour ni de haine enuers l'Auteur. Il deuoit adjoufter, Que
les lettres de Ianfenius au feu Abbé de S. Cyran, & les liures de l'vn & de l'autre, font bien voir, qu'en parlant des
Iefuites, ils ont esté tres-éloignez de toute haine contre
cette Compagnie : comme les Ianfeniftes d'aujourd'huy le
font de tout amour déreglé enuers les Chefs de leur parti,
les canonifant le lendemain de leur mort, & leur rendant
vn culte exterieur & religieux, par des neufuaines, des pro-
ceffions à nuds pieds, auec le port de leurs Reliques, par l'application des Antiennes, *Similabo eum, Sub tuum præsidium,*&c.
comme il a esté pratiqué au Port-Royal ces dernieres années.

Ce font les cinq Regles que donne l'Apologiste, pour trouuer le veritable fens d'vn Auteur. C'eft à dire, les cinq moyens
qu'on peut fuggerer à vn opiniaftre & à vn fourbe, pour
eluder le reproche qu'on luy fait d'auoir mal parlé : & pour
aneantir l'autorité de tous les témoignages des Peres & des
Conciles, & mefme de la fainte Efcriture, dans les occa-
fions de s'en feruir pour la deffenfe de la Foy, & de la doctrine de l'Eglife. Car en examinant ces témoignages fur
lefdites Regles, & difant à celuy qui difpute, & qui preffe le
Refpondant par l'euidence des textes d'vn Auteur, & du
commun vfage des paroles, que fera-t-on s'il dit que cét Auteur a *vne langue & vn Dictionaire particulier?* Que cela eft
vray entendu en la langue vulgaire; *mais non en la langue de*
fcience: Que cela eft bon en la langue de ce temps, *mais non*
en la langue de l'ancien temps. Que c'eft vn *témoignage détaché;*
mais que fi on fçauoit tout ce qui doit aller deuant, & tout
ce qui doit fuiure, on jugeroit autrement? Et pour finir,
que fera-t-on à vn homme qui dit, que ce font des paffions
violentes, qui ont preuenu, preparé, & formé l'efprit de
contradiction? Quel moyen d'en venir à bout, quand il voudra faire paffer par ces Regles tout ce qu'on luy objecte?
Voit-on pas bien que ce faifeur de Regles met le déregle-

ment dans la methode de chercher la verité: & donne
des ouuertures aux erreurs, pour efchaper des prifes de ceux
qui les veulent ramener?

Et pour en faire l'effay en la perfonne de l'Apologifte,
puifqu'il foûtient que le fens de Ianfenius eft le fens de S.
Auguftin; que refpondra-t-il, fi je luy demande, qu'eft-ce
qui m'oblige de croire que Ianfenius a eu le Dictionaire
de S. Auguftin? Car fans cela, comment a-t-il pû trouuer
fon fens? L'Apologifte penfe auoir luy-mefme trouué le fens
de Ianfenius; a-t-il fon Dictionaire? Qui le luy a donné? S'il
dit qu'il l'a compofé aprés vne longue lecture de fon liure;
peut-eftre l'ay-je leû autant que luy, & fi j'en ay compofé
vn autre, qui les accordera, s'ils font differens, & quel
droit alleguera-t-il, pour me perfuader, que le fien doit eftre
preferé au mien? Il dit qu'il ne faut point eftre preoccupé
de paffion. Ie le dis auffi, mais il doit donc monftrer que
Ianfenius ne l'a point efté, en cherchant dans S. Auguftin
le fens contraire à celuy de Molina, & des autres Iefuites.
Et l'Apologifte veut-il qu'on l'en croye fur fa bonne foy?
Il veut que nous croyons qu'il entend mieux le fens de Ianfenius que le Pape, que les Euefques, que les Docteurs, &
prefque tout le refte de l'Eglife, l'a-t-il cherché fans aucune preoccupation d'efprit? Comment le fera-t-il croire à
tous ceux qui lifent fes liures? Et que deuiendront prefque
tous ceux de fon parti, hommes & femmes, qui n'ont jamais leu Ianfenius, qui n'ont aucune connoiffance de fon
Dictionaire, ni de la diftinction de la langue vulgaire, &
de la langue de fcience; de la langue du temps prefent, &
de la langue du temps de S. Auguftin? Voit-on pas que l'A-
pologifte brouïlle tout, qu'il ruine fes propres affaires en
voulant ruiner celles des autres, & que pour tafcher de faire noyer fes aduerfaires, il fe noye le premier?

XXI.

APRES auoir reduit toute la controuerfe au fens de Ianfenius, il s'efforce d'en empefcher la connoiffance, pour euiter l'aueu de fa condamnation. Et pour cela il met en auant,
Que les propofitions attribuées à Ianfenius ont plufieurs

fens, & fe fert de quelques remarques generales, Qu'il y a des propofitions dans vn Auteur, dont le fens eft inconnu: Qu'il y en a d'obfcures, dont le fens fait difputer les Lecteurs: Qu'il y en a d'equiuoques, qui trompent ceux qui ne fçauent pas diftinguer les diuerfes fignifications des paroles. Que quelques Auteurs ont des manieres de parler toutes particulieres, &c. On auouë tout cela. On fçait qu'il y a dans les Auteurs des lieux qu'on appelle *defefperez:* Qu'il y en a d'ambigus que chacun tire de fon cofté: Que la diction de Tertullien eft tres-differente de celle de Lactance: Que le ftile de S. Auguftin & celuy de S. Ambroife ne fe reffemblent pas, non plus que celuy de S. Ambroife auec celuy de S. Gregoire le Grand. Mais je dis que comme les yeux nous font connoiftre qu'il eft nuit: & les oreilles nous font prendre garde du filence des cloches: auffi la connoiffance des langues dans l'vfage communément receu, nous fait connoiftre l'obfcurité, l'ambiguité; & les autres defauts de ceux qui ne fçauent ou ne veulent pas declarer leurs penfées: & par mefme moyen nous premunit contre le danger d'y eftre trompez. C'eft pourquoy il faut nous laiffer guider par la mefme connoiffance, pour diftinguer les differences du langage & du ftile des Auteurs. Et ainfi je perfifte dans ma *refuerie,* nonobftant les auis de l'Apologifte: & dis qu'il fe faut feruir de la connoiffance du langage commun & vfité de nos jours, pour juger du fens des Auteurs, c'eft à dire, pour fçauoir ce qu'ils ont voulu dire: & adjoufte, que connoiffant le fens de l'Eglife prefente, nous deuinons infailliblement le fens de l'ancienne, n'y pouuant point auoir de contrarieté entre l'vne & l'autre.

XXII.

POVR faire court, je demande à l'Apologifte, fi Ianfenius a fceû ce qu'il vouloit dire? S'il a voulu eftre entendu des Theologiens, des Docteurs, & des Euefques de fon temps, c'eft à dire, de l'Eglife du temps prefent? S'il a fceû le moyen de s'énoncer & de fe faire entendre? Et comment l'a-t-il pû faire, fi fon Dictionaire ne s'accorde auec le commun: & que le mot qui veut dire *blanc* dans le Dictio-

naire

naire commun, signifie *noir* dans celuy de Iansenius? Si nous jugeons comme il faut de son esprit, de son dessein, de son intention, de la facilité & clarté de son langage, & de sa conformité auec le langage de l'Eglise de son temps, en l'vsage des termes, à quoy seruent toutes les regles de ce Legislateur impertinent, qu'à brouïller & confondre les choses, & à empescher que la doctrine de Iansenius ne soit connuë telle qu'elle est, ne pouuant plus empescher qu'elle ne soit condamnée? Iansenius parle comme parlent communément les autres, quant à la signification des mots, bien qu'il nie ce que les autres affirment, & qu'il affirme ce que les autres nient. Ie dis donc, que pour sçauoir son sens, je n'ay besoin que de sçauoir l'vsage commun de la langue, qui n'est autre chose que sçauoir l'vsage de la Grammaire & du Dictionaire, duquel on se sert communément dans l'Eglise & dehors. L'Apologiste dit *que je resue.* Il feroit bien de s'endormir, parce que peut-estre qu'en songeant, il rencontreroit des imaginations plus raisonnables, que celles qui le rendent ridicule quand il veille.

XXIII.

M a i s pour luy faire beau jeu, puisqu'il veut que les propositions qu'on attribuë à Iansenius ayent plusieurs sens, je luy demande s'il entend, qu'elles ayent plusieurs sens, qui soient tous des sens de Iansenius? Ie prens par exemple la premiere proposition, qu'il auoüe estre de Iansenius : & je luy demande, si Iansenius l'a escrite à double entente, ayant deux sens dans son esprit ? S'il en a eu deux, l'Apologiste canonise donc les equiuoques, qu'on ne doit jamais souffrir en expliquant la doctrine de la Foy. S'il n'en a eu qu'vn, nous sommes donc d'accord de tout le fait de Iansenius. La proposition est dans Iansenius, & y a vn sens, qui est le sens de Iansenius. Ie dis que ce sens est heretique, parce que le Iuge des controuerses l'a condamné : & les Iansenistes qui s'y opposent ne peuuent plus faire qu'vne question du droit, en accusant le Pape de s'estre trompé en jugeant d'vn fait accordé. Le Pape a eu la pensée & l'intention de condamner le sens de Iansenius, aprés vne tres-exacte informa-

P

tion de tout ce qui s’eſt dit & écrit ſur ce ſujet, depuis plus de vingt ans : aprés pluſieurs rapports qui luy en ont eſté faits: aprés ce qu’il en a leu & entendu dans vne infinité de conferences : & tout bien conſideré , il declare qu’il a condamné & condamne le *ſens de Ianſenius*, *la propoſition au ſens de Ianſenius* , *la doctrine de Ianſenius dans les cinq propoſitions:* & l’a declaré aprés auoir eſté informé de toutes les repliques des Ianſeniſtes, diſans que ces propoſitions eſtoient equiuoques , qu’elles pouuoient receuoir de mauuaiſes interpretations ; mais que le ſens de Ianſenius, qui ne tend à autre fin , qu’à maintenir la Grace efficace par elle meſme, ne peut eſtre condamné. Cela eſtant , il eſt impoſſible qu’en contrediſant le Pape , on puiſſe luy reprocher autre choſe , ſinon que puiſqu’il le veut ainſi , & qu’il perſiſte à nous obliger de croire qu’il a condamné le ſens de Ianſenius , aprés tout ce qui luy a eſté repreſenté , il faut croire qu’il a condamné vn ſens innocent , & par conſequent qu’il a volontairement erré en la queſtion du droit. Car c’eſt toute la meſme choſe , que ſi vn Iuge , à qui on auroit voulu faire croire , qu’il a condamné Matthieu pour Guillaume, aprés les remonſtrances qu’on luy en auroit faites , perſeueroit à dire qu’il ſçait bien ce qu’il a fait , que ce ſont ces murmurateurs qui ſe trompent & non pas luy , que ſon intention a eſté de condamner Matthieu & non Guillaume. Que pourroit-on dire à ce Iuge , ſinon que puiſque cela eſt, il veut donc auoir fait vne injuſtice , & auoir peché contre le droit ?

XXIV.

Et pour ne laiſſer à l’Apologiſte aucun moyen d’euader, je luy ay déja fait voir qu’il reconnoiſt tacitement que le ſens de Ianſenius a pû & dû eſtre condamné, puiſqu’ayant entrepris de l’exprimer , il ne l’a oſé faire , qu’auec les déguiſemens , dont ſon eſprit fourbe a couſtume de ſe ſeruir quand la verité luy fait peur. Il n’exprime qu’à demi le ſens de Ianſenius , & quand tout eſt dit , il n’eſt perſonne qui puiſſe nier que ce ſens ne ſoit pire dans l’expreſſion de Ianſenius, qu’il n’eſt dans la propoſition ſeparée comme elle eſt dans la Bulle. Mais pou ne pas repeter ce que j'ay dit cy-deſſus, & dans l'eſcrit intitulé *Demonſtration du fait de Ianſenius*, &c. je veux faire le Lecteur juge de ce qui eſt couché dans le Iournal de S. Amour, afin qu'il voye que le ſens que les Ianſeniſtes ont penſé eſtre le veritable ſens de Ianſenius, a eſté preſenté au Pape, & que c'eſt celuy qui a eſté condamné. Ie preſuppoſe & croy qu'ils ne me dédiront pas, que le ſens auquel ils ont témoigné qu'ils ſoûtenoient les cinq propoſitions, eſt le ſens de Ianſenius, bien qu'ils n'ayent pas nommé Ianſenius, quand ils le preſenterent au Pape. Il ne faut donc que faire voir, que le ſens des cinq propoſitions que leurs Deputez preſenterent au Pape, fut condamné, pour faire voir que le ſens de Ianſenius fut preſenté au Pape dans l'expreſſion qu'en firent ces Deputez, & que dans la meſme expreſſion il fut condamné.

Le Iournal de S. Amour nous aſſure, que le cahier des trois colomnes fut leu *tout entier, & mot à mot deuant le Pape*, & ſans doute laiſſé entre ſes mains, comme tous leurs autres eſcrits, dont ils firent lecture dans cette Audience. Dans cét eſcrit ils mettent la premiere propoſition comme elle ſe trouue dans la Bulle : & au deſſous immediatement, *Premiere propoſition dans le ſens que nous l'entendons, & que nous la deffendons.* Aprés cela ils mettent leur ſens, *Quelques Commandemens de Dieu ſont impoſſibles*, &c : aprés ce ſens, ils adjouſtent, *Nous ſoûtenons & nous ſommes preſts de demonſtrer, que cette propoſition appartient à la foy de l'Egliſe, qu'elle eſt indubitable dans la doctrine de S. Auguſtin, & qu'elle a eſté definie par le Concile de Trente.* Ils diſent le meſme des autres quatre, exprimant toûjours, & declarant au Pape le ſens auquel ils les ſoûtiennent, & par conſequent, le ſens auquel ils ont crû que Ianſenius meſme les ſoûtenoit.

De plus le meſme Iournal parle ainſi. M. l'Abbé de Valcroiſſant s'eſtendit amplement ſur le fond de ce qui eſt dit dans la Preface, que nous ſupplions ſa Sainteté, auec tous les Eueſques de France, de prononcer ſur la choſe dont eſtoit queſtion entre les Moliniſtes & nous...... c'eſt à dire, des propoſitions reduites au ſens Catholique que nous def-

P ij

„ fendions, & qui eftoit le feul auquel nos aduerfaires en vou-
„ loient. *Cette Preface qu'il cite c'eft celle-cy*, Tres-Saint Pere,
„ les Euefques de France, &c la fupplient de donner vn ju-
„ gement fur les cinq propofitions qui font en controuerfe,
„ lequel fuffife pour éclaircir & confirmer la verité, pour fai-
„ re ceffer les differents, & pour eftablir la paix dans l'Egli-
„ fe. Ces Prelats demandent donc à V. S. qu'il luy plaife
„ donner vne decifion expreffe fur les chofes qui font en con-
„ teftation entre nos aduerfaires & nous, & non pas fur les
„ chofes à l'égard defquelles il n'y a nulle difpute, nulle que-
„ ftion, nulle difficulté. Il eft certain que la conteftation
„ qui fe voit maintenant dans l'Eglife fur le fujet de ces pro-
„ pofitions, N'EST PAS A L'ESGARD D'VN SENS ES-
„ TRANGER QVE L'ON LVY POVRROIT DONNER,
„ ET QVE NOVS REIETTONS; MAIS A L'ESGARD
„ D'VN SENS LEGITIME QVE NOVS DEFFENDONS.
„ A la fin de cét efcrit, ils reprennent le mefme auertiffe-
„ ment, & la mefme priere au Pape, en ces termes: Tres-Saint
„ Pere, nous reïterons encore inftamment à V. S. auec tous
„ les Euefques de France, la fupplication tres-humble que
„ nous luy auons déja faite, de donner vne fentence CLAIRE
„ ET DECISIVE SVR LA MATIERE QVI EST PRO-
„ POSE'E, ET QVI EST EN CONTROVERSE. *Et pour*
„ *conclufion*, Nous foûmettons toutes ces chofes A LA COR-
„ RECTION ET AV IVGEMENT DE VOSTRE SAIN-
„ TETE'. Efcrit à Rome, ce Lundy 19. May 1653. Ainfi fi-
„ gné, Noël de la Lane, Docteur de la Faculté de Paris,
„ Abbé de Valcroiffant. Touffaint Defmares, Preftre de la
„ Congregation de l'Oratoire de Noftre-Seigneur IESVS
„ CHRIST. Louïs de S. Amour, Docteur de la Faculté de
„ Paris, & de la Maifon de Sorbonne. Nicolas Meneffier,
„ Docteur de la Faculté de Paris, & de la Maifon de Sor-
„ bonne. Louïs Angran, Licentié de la mefme Faculté, &
„ Chanoine de l'Eglife Cathedrale de Troyes.

Si le Pape euft demandé à ces Docteurs la procuration
qu'ils auoient pour agir *au nom de tous les Euefques de Fran-*
ce, il les euft mis en peine. Car les quatre-vingts & cinq

Ibid p. 473.

Ib. p. 468.

Euefques, qui auoient efcrit au **Pape**, pour demander fon jugement fur les cinq propofitions, n'auoient eu garde de commettre l'affaire à de tels Procureurs, & les huit qui leur auoient donné leur lettre, témoignoient plus d'enuie d'éloigner cette decifion que de l'auancer, comme on peut remarquer dans les mefmes lettres que S. Amour a inferées dans fon Iournal; Mais quoy qu'ils n'euffent pas commiffion de dire ce qu'ils dirent, il eft pourtant vray, que tous les Euefques de France (prenant le tout pour la plus grande & la plus confiderable partie) demandoient au Pape la decifion de la controuerfe des cinq propofitions : & que les cinq Deputez du parti contraire, ne firent jamais femblant de la defirer, que quand ils virent qu'elle eftoit ineuitable.

Tant-y-a que le Iournal de S. Amour nous affure, que les Deputez du parti de Ianfenius prefenterent au Pape, fans nommer Ianfenius, le fens des cinq propofitions conforme à fa doctrine; Qu'ils declarerent, que c'eftoit le fens legitime & non eftranger defdites propofitions; Qu'ils confefferent que ce fens eftoit l'vnique fujet de nos conteftations, parce qu'ils le foûtenoient, & nous le combations; Qu'ils prierent fa Sainteté de donner fon jugement fur les propofitions *reduites à ce fens-là, & non à autre*, parce qu'eftant l'vnique fujet des conteftations qui troubloient l'Eglife, il ne pouuoit donner la paix qu'en decidant le point qui caufoit la guerre.

Ce qui fait voir au Lecteur, que le Iournal de S. Amour auouë tout le fait de Ianfenius, c'eft à dire, que fes paroles au moins fur la premiere propofition, & fon fens fut propofé au Pape, & *amplement* expliqué par l'Abbé de Valcroiffant: D'où il eft aifé de conclurre, auec combien peu de raifon, quelques-vns ont pris pretexte de ne vouloir pas foufcrire le Formulaire, pource que le Pape les obligeoit de condamner le fens de Ianfenius, fans leur dire quel eft ce fens. S'ils euffent pris la peine de le demander au Pape, il euft pû leur refpondre en les renuoyant au Iournal de S. Amour, ce que le Sauueur du monde refpondit à Caïphe, *Tu dixifti*.

P iij

Voicy donc l'eſtat auquel ſe trouuoit l'affaire des cinq
propoſitions, quand le S. Pere la decida. Les deux parties
ſont à ſes pieds, MM. Hallier, Ioiſel, & Degaut, portant
les lettres de quatre-vingts & cinq Eueſques, ſoûtenus de
la recommandation du Roy, qui ſe joint à eux par les ordres qu'il a donnez à ſon Ambaſſadeur, de faire inſtance,
à ce que ſa Sainteté decide les controuerſes qui font tant
de bruit en France : De l'autre coſté , MM. l'Abbé de la
Lane, P. Deſmares, Meneſſier, S. Amour, Angrand, qui
portent vne lettre ſignée de huit Eueſques, de la part deſquels ils auertiſſent le Pape, que s'il veut donner la paix à
l'Egliſe, il eſt neceſſaire de prononcer ſur les cinq propoſitions , reduites au ſens qu'ils luy ont expoſé, puiſque c'eſt
le ſens legitime, l'vnique ſujet de la diſpute, & qu'autrement
il ne feroit rien , prononçant ſur vn ſens eſtranger, ſur lequel il n'y a nulle conteſtation entre eux & leurs aduerſaires. Le Pape ayant oüy les vns & les autres, declare a-
uant que decider, que ſon intention eſt de donner la paix
à l'Egliſe, de faire ceſſer les troubles qui l'agitent , d'oſter
le ſujet de ces conteſtations par la determination du point
controuerſé. Et les vns luy ayant preſenté les cinq propoſitions, comme eſtant cinq opinions de Ianſenius ; les autres luy ayant preſenté les meſmes propoſitions reduites au
ſens qui eſt à leur auis le ſens du meſme Ianſenius, & ſur
lequel ils demandent ſon jugement ; les deux partis attendant la reſponſe de l'oracle ſur la queſtion ainſi propoſée ;
le Pape prononce, que les cinq propoſitions ſont heretiques.
Et pour faire connoiſtre qu'il pretend condamner les opinions de Ianſenius, il adjouſte qu'en condamnant ces cinq
propoſitions , il ne pretend pas de juſtifier les autres opinions contenuës dans le liure du meſme Auteur.

Les Ianſeniſtes reſpondent qu'il n'a rien fait de ce qu'il
pretendoit faire , ni de ce que les deux partis luy demandoient, qu'il n'a point touché le ſens controuerſé, qu'il a
pris Matthieu pour Guillaume, le ſens eſtranger pour le legitime , qu'il n'a pas entendu, ou n'a pas voulu entendre
l'eſtat de la queſtion , & qu'il a prononcé ſur vn point du-

quel les parties eſtoient d'accord , ſans toucher celuy qui eſtoit en diſpute. C'eſt à dire, qu'il a trompé les Eueſques de France, qu'il a trompé le Roy, qu'il a trompé les Moliniſtes, qu'il a trompé les Ianſeniſtes, qu'il a trompé tout le monde, & qu'il s'eſt trompé luy-meſme. Mais le Pape s'en eſt expliqué par ſon Bref, declarant qu'il a pretendu condamner la doctrine de Ianſenius; mais ſon Succeſſeur, qui eſtoit le ſecretaire de tous les ſentimens du Predeceſſeur , en a donné des Brefs & des Bulles tres - expreſſes, tout cela ne les touche pas. Ils veulent que la controuerſe ſe trouue en l'eſtat qu'elle eſtoit auant la determination du Pape.

Si quelqu'vn les preſſe , & leur demande quelle raiſon peuuent-ils auoir, de nier que le Pape ait fait ce qu'ils luy demandoient, qui eſt de prononcer ſur les propoſitions *reduites au ſens* legitime & conteſté , que l'Abbé de la Lanc auoit amplement expliqué ? Et comment le Pape le pouuoit-il faire, diront-ils, puiſque ce ſens eſt Catholique? Mais c'eſt là le point de noſtre diſpute, & nous ſommes allez au Pape, pour nous ſoûmettre à ſon jugement, & ſçauoir de luy ſi ce ſens eſt, ou n'eſt point Catholique. Ils reſpondront que ce n'a pas eſté leur deſſein de ſe ſoûmettre de la ſorte, qu'ils n'ont jamais douté ni pû douter que ce ſens ne fuſt Catholique. Et pourquoy donc aller au Pape ? s'ils peuuent dire la verité , ils confeſſeront qu'ils n'y ſont allez que par force ; & que ſçachant de quel poids eſt ſon jugement dans l'Egliſe , ils ſont allez à luy, pour taſcher de le faire pencher de leur coſté: que s'il euſt prononcé en leur faueur , ils ſe fuſſent ſoûmis à ſon jugement; mais qu'ayant condamné leur doctrine, ils n'ont pas crû qu'ils duſſent acquieſcer à vne telle deciſion. Que ſignifie donc cette concluſion de leur requeſte, *Nous ſoûmettons toutes ces choſes à la correction & au jugement de voſtre Sainteté?* En verité je ne voy pas qu'ils ayent autre choſe à dire, ſinon que ç'a eſté vn compliment neceſſaire, & que leur Morale ne deffend point d'eſtre fourbe , & de mentir dans les complimens, non pas meſme quand on eſt en Iuſtice, & qu'on parle deuant les Iuges. Et quel moyen de faire autrement ? voulez - vous qu'ils abandonnent la doctrine de S. Auguftin , touchant la Grace efficace par elle-mefme ? Ils font affurez que c'eft la veritable & la feule Catholique. Encore pourroit- on leur demander, s'ils en font plus affurez que Ianfenius mefme, qui s'en eft deffié, jufqu'à ce que fon fentiment fuft confirmé par le fentiment du Pape, comme on a veu cy - deffus dans fon Epiftre dedicatoire. Ils refpondront peut - eftre , que c'eft encore vn compliment de Ianfenius : & ils font affez honneftes gens, pour nous permettre de croire , que le Maiftre a efté auffi fourbe que les Difciples : Et que la Morale de la Secte, qui eft eftroite & reformée, ne compte point les fourberies entre les pechez.

X X V.

IE n'ay qu'vne chofe à leur demander ; mais il faudroit vn puiffant exorcifme pour leur faire dire ce qu'ils en penfent. Le Lecteur raifonnable fuppleera leur defaut. Ie leur demande ce qu'ils euffent fait , fi le Saint Pere fur la mefme propofition qui luy a efté faite , & fur la mefme efpece de la queftion conteftée, euft prononcé abfolument , *Que les cinq propofitions font Catholiques* , qu'eft - ce qu'ils euffent fait, & qu'eft-ce qu'ils euffent dit ? Auroient-ils fouffert que les Moliniftes diffent que le Pape n'auoit pas touché la queftion ? qu'il auoit pris vn fens pour vn autre ? & que chaque partie pouuoit perfeuerer dans fa creance ? Que de liures ! Que de lettres ! Que de vers ! Que de chanfons , pour remplir tout le monde de la gloire de leur triomphe ! Ils euffent fait retentir les villes & les campagnes de chants d'allegreffe, & toutes les plumes de Port-Royal fe fuffent jointes, pour compofer des aifles à la Victoire , afin qu'elle portaft par tout le monde la nouuelle de la défaite des Moliniftes. Qu'eft-ce donc que tout cela veut dire, finon que les Ianfeniftes ne veulent point de loix communes, à eux & à leurs aduerfaires : Qu'ils penfent auoir droit de fe feruir de deux mefures differentes , vne pour juger de leurs auantages : & vne autre pour juger

de

de ceux de leurs aduerſaires : & que la maniere dont ils
traitent le Chef de l'Egliſe , & le Iuge des controuerſes,
c'eſt en diſant, s'il juge pour nous, il eſt noſtre Iuge : ſi contre nous , nous ſommes le ſien. Voilà le vray portrait de
l'eſprit de cette Secte.

XXVI.

I'ACHEVE , en reprenant le principe que l'Apologiſte
a cy - deſſus accordé. *Qu'on peut obliger à la ſignature des
faits , ceux qui la refuſent de mauuaiſe foy.* Et je dis que de
tout ce qui a eſté prouué juſques icy, il reſulte, qu'il n'eſt
point de gens au monde , qu'on puiſſe obliger auec plus
de juſtice à ſigner le Formulaire , que l'Apologiſte & ſes
ſemblables, parce qu'il n'y en a point qui le refuſent auec
plus de mauuaiſe foy.

Mais pour m'aquiter du deuoir de gratitude : & rendre
la pareille à l'Apologiſte , au ſujet du ſoin qu'il a pris de
me faire auertir par le P. Marc Antoine de Foix de noſtre 4.*Part.c.*40.*p* 226.
Compagnie, *que je ne ſçay ce que je dis ;* j'ay à luy dire, que
j'accepte l'Admoniteur qu'il me donne , que nous nous
connoiſſons il y a long-temps , & viuons dans vne aſſez
bonne intelligence. Et reciproquement pour me reuen-
cher d'vn ſi bon office, je ſupplie tres-humblement M.
Arnaud, de prendre ſoin de l'Apologiſte, & de le vouloir
auertir qu'il n'y a point d'aſſurance à ſe cacher ſous le maſque d'vn Eſcriuain Anonyme ; qu'il y a cent moyens de
deuiner les gens maſquez ; & qu'aprés qu'on a agi
confuſément ſous des titres generaux , que perſonne ne
peut ignorer, de fourbe , de fauſſaire , de calomniateur,
d'heretique , &c. il eſt aſſez faſcheux , quand on vient à
deuiner la perſonne maſquée, *digito monſtrari & dicier hic
eſt.* Quand cela n'arriueroit pas , il eſt vray qu'il pourroit ſe ſatisfaire comme les Scelerats , qui ſont auteurs
d'vn excés public , dont il n'y a aucune preuue contre ceux
qui l'ont commis ; ils ſe peuuent moquer de ceux qui diſent, que ce ſont des filoux, des voleurs, des aſſaſſins, des
gens qui meritent la rouë , & de tout ce qu'on dit en general , tandis que l'indiuidu demeure inconnu : Mais les

Q

gens de bien & d'honneur , qui croyent en Dieu qui leur parle par leur confcience , craignent la condamnation de ce Iuge interieur , & la preferent à la fauffe reputation des Iuges de dehors, qui ne jugent que par les apparences. Cét auis pourra feruir à l'Apologifte , en attendant plus de loifir de luy faire part de plufieurs autres remarques fur fon Apologie.

F I N.

EXTRAIT DV PRIVILEGE.

*P*AR *Lettres patentes données à Paris, le dernier de Mars 1666. & signées,* BEGVIN, *le Roy permet à Sebastien Mabre-Cramoisy Imprimeur de sa Majesté, d'imprimer de telle maniere qu'il voudra, vn Liure intitulé,* Lettre de Monsieur Ianfenius au Pape Vrbain VIII. contenant la Dedicace de son Liure intitulé *Augustinus* : Et quelques autres pieces concernant la question de fait. Le tout auec les Reflexions du P. FRANÇOIS ANNAT de la Compagnie de IESVS : *& ce durant le temps & espace de dix années,* &c.

Regiftré fur le Liure de la Communauté des Imprimeurs & Libraires de Paris, le 6. Auril 1666. conformément à l'Arreft de la Cour de Parlement, du 8. Auril 1653. Signé, S. PIGET Syndic.

Q ij